U0614326

现代体育管理的
发展与实务研究

曲爱英◎著

中国水利水电出版社
www.waterpub.com.cn
·北京·

内 容 提 要

科学的管理是事物发展的重要指引和保证,这对于体育事业的发展来说也不例外。体育管理在体育事业的各个方面都是存在的,因此,体育管理有着非常广泛的应用性。

本书通过简洁凝练的语言、系统清晰的结构以及丰富的知识点,对现代体育管理进行了全面且深入的分析和研究,以便人们能对体育管理有一个整体上的认识。

本书将科学性、系统性、实用性、针对性、时效性等显著特点都充分体现出来,可以称得上是一本借鉴性和参考性都非常强的专业学术著作。

图书在版编目(CIP)数据

现代体育管理的发展与实务研究 / 曲爱英著. -- 北京:中国水利水电出版社,2017.9 (2024.1重印)
ISBN 978-7-5170-5921-9

Ⅰ. ①现… Ⅱ. ①曲… Ⅲ. ①体育事业－发展－研究－中国 Ⅳ. ①G812

中国版本图书馆CIP数据核字(2017)第239569号

书　　名	现代体育管理的发展与实务研究 XIANDAI TIYU GUANLI DE FAZHAN YU SHIWU YANJIU
作　　者	曲爱英　著
出版发行	中国水利水电出版社 (北京市海淀区玉渊潭南路1号D座 100038) 网址:www.waterpub.com.cn E-mail:sales@waterpub.com.cn 电话:(010)68367658(营销中心)
经　　售	北京科水图书销售中心(零售) 电话:(010)88383994、63202643、68545874 全国各地新华书店和相关出版物销售网点
排　　版	北京亚吉飞数码科技有限公司
印　　刷	三河市天润建兴印务有限公司
规　　格	170mm×240mm　16开本　16.75印张　217千字
版　　次	2018年9月第1版　2024年1月第2次印刷
印　　数	0001—2000册
定　　价	78.00元

前　言

随着体育事业的不断发展和壮大,体育的各项相关工作都受到了高度的重视,体育管理就是其中非常重要的一个方面。不论什么样的事物,其发展都离不开科学的管理。可以说,科学管理是事物发展的重要指引和保证,体育事业的发展也不例外,体育管理在体育事业发展过程中的地位和作用是不可替代和忽视的。我国对体育事业的管理在很早之前就已经展开了,但进一步强调体育管理的重要性,更加深入地挖掘体育管理的作用促进体育事业的发展则是从 2008 年北京奥运会的举办开始的,这在一定程度上为体育管理的实施与发展提供了绝佳的实践机会。

体育管理存在于体育事业的各个方面,因此,体育管理有着非常广泛的应用性。比如,学校体育、竞技体育以及体育的其他相关方面,都会涉及体育管理。当前,关于体育管理的研究较多,但其往往是作为整个研究或者课题的一个知识点存在的,没有对体育管理进行全面且深入地分析和研究。鉴于此,笔者特意撰写了《现代体育管理的发展与实务研究》一书,希望能够为体育管理的进一步探索和挖掘作出应有的贡献。

(1)本书采用总—分的结构,首先对体育管理的基本理论知识进行了阐述和分析,在此基础上,重点对学校体育、竞技体育运动训练、社会体育以及相关的体育赛事、体育场馆的管理进行探索和研究,将全面性与深入性有机结合起来。

(2)本书用发展的视角探析体育管理。体育管理是随着体育事业的不断发展而发展的,但这一点往往被忽视。这里分别对现代体育管理的总体发展及其思想、体育组织的发展等进行深入细致地剖析,由此人们能够对体育管理有一个纵向的认识和理解。

(3)本书对体育管理的各个方面的具体内容进行了探索和研究。这里主要对学校体育、竞技体育、社会体育以及体育赛事、体育场馆等相关方面的管理进行了分析,这就使人们对体育管理有一个横向上的认识。

由此可见,本书通过简洁凝练的语言、系统清晰的结构以及丰富的知识点,对现代体育管理进行了全面且深入地分析和研究。由此人们能对体育管理有一个整体上的认识,这就将科学性、系统性、实用性、针对性、时效性等显著特点充分体现出来。可以说这是一本借鉴性和参考性都非常强的专业学术著作。

本书在撰写过程中,参考并借鉴了部分专家学者的研究成果和观点,笔者在此表示最诚挚的感谢!另外,由于时间和精力有限,书中不足之处,敬请指正!

作　者

2017 年 8 月

目　录

第一章　管理与体育管理概述

管理是人类历史发展过程中产生的重要社会实践活动。而体育管理在我国则是一门新兴的应用学科，它是现代管理学的分支之一。随着我国体育事业不断发展，蓬勃兴旺，对体育管理人才也有了更多的需求。本章就对管理和体育管理的相关概念进行基础性研究。

第一节　管理的产生与发展

一、管理的产生

"什么是管理？"这是所有第一次接触管理的人首先要面对的问题。从古至今，人类进行的所有包括经济、政治、军事、文化、体育等一切社会活动都离不开管理。管理活动看似隐形，实际上离我们的生活并不遥远。可以这样认为，从时间上看，管理是时刻存在的；从空间上看，管理是无处不在的。

从人类对事物的认知规律来看，总是先进行实践后再对其有进一步认识。一般来说，人类在探索新事物时先认识事物的外延，然后按照一定的逻辑，在经验感受的基础上进行理论的探究，最终才能确定事物的内涵，也就是所谓的知其然后知其所以然。人类在管理上的探究和发展也是这样的，通过大量的实践后，才逐渐发现管理活动的基本规律，进一步发展了管理的理论。

有人群的地方就有管理活动。管理活动是社会组织中管理者为达成相关的既定目标对其管辖范围内的人力、物力、财力、信息等资源进行计划、组织、协调、控制等一系列行为过程。这种严格意义的管理活动在古代社会就有发生，同社会组织相伴而生。

最初，人类在与大自然抗争和自身发展的过程中往往会遭遇诸多困难，凭借一己之力经常独木难支，于是人们不得不成群结队，形成集体来对抗大自然的威胁，以谋求个人无法达到的生存与发展的机会、条件及目标。后来人类慢慢地发现，很多人进行集体行动往往能够完成个人所无法完成的工作，于是各种各样的社会组织应运而生。但是组织内的个人不可能有相同的性格和思想，所谓"众口难调"，往往会产生分歧，为了解决不同意见，协调所有人的行动，使大家共同服从于组织，相应地就产生了管理的客观需要。可以说，管理是人类历史上一种特殊的实践活动，它不仅贯穿和渗透于人类的生产实践、科学实验实践和阶级斗争实践三大基本实践活动中，而且渗透于人类生活的各个领域。

人类的管理活动几乎与人类文明同时出现。世界上所有的文明古国如古巴比伦、古罗马等，早在上古时期就对自己的国家进行治理，采取一系列的管理措施，并且建立了庞大而严整的组织，创造了许多宏伟的建筑工程，而这些古代文明在现今依旧能让人感到惊叹和不可思议。我国的长城、兵马俑，埃及的金字塔都是古代人的智慧结晶。在两千多年以前，人类已经可以组织、指挥、协调数万乃至数十万人进行劳动，历时多年去完成经过精心设计的浩大工程，体现出的管理价值与功能令人折服不已。古希腊哲学家苏格拉底、柏拉图和亚里士多德等人的著作中也可以寻觅到管理规律的相关论述，公元前5世纪的《孙子兵法》探索了战略上的一般规律，被认为是最早的、成系统的战略管理学著作。

二、管理的发展

现代意义上的管理活动最初产生于18世纪下半叶的产业革命，技术的进步促使取代家庭生产、手工业作坊制度的工厂制度诞生，用更好的办法进行管理组织活动，使人们对个人利益的追求同实现组织目标有机结合起来。第二次世界大战结束后，世界范围内形成了管理热潮，全社会范围内掀起了一股重视管理、加强管理的思想巨浪。对于管理的重视使一些发展中国家和地区加快经济发展速度，巴西、墨西哥、哥伦比亚、伊朗等国以及亚洲

"四小龙"的新加坡、韩国和中国香港、中国台湾，由于做好管理工作，抓住发展机遇，所以国家的经济发展突飞猛进，日新月异。此后国际局势相对稳定，各国重视经济建设，科学技术突飞猛进地发展。大环境给管理科学的发展提供了极好的机遇，也对管理活动提出了更高的发展要求。经济发展与科技进步的双重刺激，促使现代管理概念的诞生，现代管理无论从思想、观念还是方法、技术等方面与传统管理比较起来，均有了巨变。

如今，人类已掌握强大的科学技术，在自然界、社会文化等领域积累了相当的经验和学识，在个人的生存与发展方面也有了更好的能力，但这并不意味着组织管理活动在消退。事实上，工业化促使社会分工的变化，促进生产效率提高，这个理念已被社会各个领域所承认。谋划未来、协调社会成员的行为、迎接新的挑战等已成为人类社会的必要环节。为了更好地生存和发展，各种社会组织必然会制定并不断完善适应环境变化、减少风险的组织方式及技术手段，而这些工作的展开更离不开管理，管理活动的普遍性正是推动管理成为一门科学而发展的动源。

第二节 管理的概念与特点

一、管理的概念

（一）西方的管理概念

古代就有管理活动，由于管理活动随着时代发展日渐复杂，不同组织的管理环境和管理目标也千差万别，再加上研究管理活动的诸多学者所处的文化背景、时间、场景和采用方法的不同，人类对管理的认识也千差万别。

西方科学管理之父泰勒认为："管理就是确切地了解你希望工人干些什么，然后设法使他们用最好、最节约的方法完成它。"可见在他的眼中，管理就是让他人以最好的方法进行工作。诺贝尔经济学奖获得者赫伯特·西蒙也对管理进行论证和研究,其著名论断是:"管理就是决策。"在西蒙看来,管理者所做的一切工作实质上是在面对现实与未来、面对环境与员工时不断做出的决策,使组织的一切都可以不断运行下去,直到获得满意的效果,最终完成工作目标。

对于管理的定义,法国人亨利·法约尔的研究有着重大影响。他在《工业管理和一般管理》中提出:"管理,就是实行计划、组织、指挥、协调和控制。"这种定义产生了一个世纪的影响。以法约尔为代表的强调管理职能的人认为,管理就是通过促使别人完成相关事情的一种职能。强调以职能定义管理的学派尽管对职能内容的描述不尽相同,但就其管理的定义而言,均落在管理的职能上。

(二)我国的管理概念

长期以来,我国管理学界多从管理职能的角度去研究和定义管理的概念。有人认为管理是在一定的环境中,由组织中的管理者运用计划、组织、人事、领导和控制等职能,通过相关的管理方法与管理手段,合理调动组织内的多项资源实现组织目标的实践活动;有的人认为管理是社会组织中为了实现既定的预期目标,以人为中心进行的协调活动。

对管理概念的认识,相关研究者有不同的见解。如"管理是一种文化""管理是一门艺术"等观点层出不穷。在管理概念上的不同思想反映了由于社会发展所造成的管理实践本身的复杂性。需要注意的是,上述对管理概念的不同见解都有一定的共性。因此,把这些带有共性的内容详尽地诠释出来,可以为人们认识管理的概念提供很大帮助。在以上的管理概念中可以发现,不同人对管理的定义有很多共性,如管理存在于一定的组织中,管理的对象是以人为主的各种资源,管理活动需要借助相关方法和手段,管理是为了实现某项目标而采取行动的行为过程等。

(三)现代管理的概念

现代意义上的管理是指通过一定方式整合资源,以实现组织目标的活动。结合部分专家学者有关管理的各种定义,理解现代管理的概念需注意以下几点。

(1)管理的载体是"组织"。总是在组织中存在它的身影。组织与管理相互依存,不可分割。组织是进行管理活动的有力工具,是管理活动的实体,为管理活动提供场所。没有组织,管理就实现不了价值。缺少了管理,组织就没有生存和发展的内在机制,就会走向消亡。

(2)管理的对象是资源。资源涵盖了人力、财力、物力、时间、信息等类型,其中人力资源管理是现代管理活动的核心。组织所需的资源不仅包括属于组织所拥有的各种组织内部资源,还包括不属于组织,但可以为组织所调动的其他内部或外部资源。为使资源充分显示出价值,促使组织目标的实现,需要不断培育、开发及配置各种稀缺资源,需要通过有效方式来发挥资源利用的最大价值,也就是对各种资源进行系统、有效的整合。

(3)最大程度发挥资源的价值与作用需要借助于有效的资源整合。资源整合在方式上不仅包括计划、组织、控制等属于管理职能的内容,还包括在资源整合过程所采取的各种知识、技能、方法、手段、工具以及途径、环节等内容,可以将其统一称为管理方式。

(4)目标是管理活动的起点和归宿。不管制定什么层次的管理目标,最终都是为实现组织的既定目标服务。任何群体或组织都有既定的目的和目标,而既定目的的达成均需建立在一系列子目标实现的基础之上,各个二级目标的达成也都需要资源的保障。制定管理目标,获取管理资源,对资源进行协调和合理利用,正是管理的根本任务。

二、管理的特点

(一)科学性

管理活动基本分为两大类,一是常规性活动,二是非常规性活动。所谓常规性活动,是指有规律可循,按部就班地去做,便可取得预想效果的管理活动;所谓非常规性活动,是指没有规律可循,需要参与者摸着石头过河,一边进行一边探寻的管理活动。这两类活动虽然不同,但是在相关环境下可以相互转化。实际操作中的程序性活动就是由之前的非程序性活动转化而来的,这种转化的过程是人们长期以来对此类活动规律性的科学总结,体现出管理的科学性。因此,任何管理模式都不是一朝一夕形成的,而是经过科学探索后形成,都符合现实情况,不存在一劳永逸的管理模式。

(二)艺术性

管理学既是一门科学,又是一门艺术。因为管理对象处于不同环境,具有不同状态条件,导致对每一个管理对象的管理活动没有固定的、完全有规律的模式,尤其是对那些非程序性的、全新的管理对象更体现出这样的情况,这就造成了具体管理活动的绩效与管理主体、管理技巧的发挥程度有很大的相关性。事实上,管理主体对这种管理技巧的运用与发挥,显示出管理主体设计和管理活动的艺术性;另外,整个组织在达成目标的途中可供选择的管理方式、手段有很多,但在众多可选择的管理方式中选择相对合适的方法和手段,就考验管理者管理工作是否灵活掌控,是否具有艺术性。

(三)经济性

管理中体现的经济性就是节省管理成本,使其最小化。管理活动是要付出成本的,管理者需要用最小的投入和代价获取最大的回报。管理的经济性不仅反映在资源利用的成本上,还反映在管理模式、管理方法的选择上。

(四)创造性

管理的创造性特征其实与艺术性特征是紧密相关的。管理是一种动态的活动,既然对每一个具体的管理对象没有固定的、有规律可循的模式进行参照,那么想要达到既定的组织目标,就需要管理人员有一定的创造性。正因为管理活动具有创造性,所以管理活动才有成功和失败的不同可能。如果程序固定,有单一的参照模式,那么人人就都能成为好的管理者。管理的创造性牢牢根植于动态性之中,与科学性和艺术性也有关联,正因具有创造性,使得管理创新成为人们永远追求的目标。

(五)动态性

管理的动态性主要表现在管理活动需要在环境变化和组织本身的调整中进行,在实现目标的道路上,需要不断消除管理过程中的各种不确定性。事实上,组织所处的客观环境与具体环境都不相同,各个组织的目标与行业也不相同,组织拥有的资源还是不同,从而导致了每个组织中管理过程的差异性,在现实的管理中,不同环境和条件的差异性就表现出一定的动态性。

第三节　管理系统及其各要素之间的关系

一、管理系统

(一)管理系统的要素

管理实践活动以系统的形式存在。管理系统包括管理主体、管理客体、管理中介以及管理环境等要素。

1.管理主体

管理主体就是管理活动的支配者。管理主体肯定是人,因为只有人才会有目的地组织、协调,分配资源,去完成组织的目标。管理者可以是一个人,也可以是几个人,所以包括个体的人和集团的人。按管理者在组织中所处的层次分类,可分为高层管理人员、中层管理人员、基层管理人员;按管理者所负责的组织活动范围分类,可分为直线管理者、职能管理者。

管理主体的基本任务是制定组织的目标,集合组织的资源。虽然社会给每个组织规定了基本目的,但基本目的是由一系列直观的组织目标的达成来实现的。制定目标后,如何组织人力、财力、物力等各种资源,预期完成目标就成为管理工作的另一项基本任务。如果说制定目标考验管理者的战略管理能力,那么集合资源就体现了管理者的战术及战术管理能力,而这项能力又表现为对稀缺资源的获取和对各种资源的合理利用两方面。管理主体需要通过有效的行动、高明的方法促使各种资源利用的最大化,以顺利达成组织的目标。

2.管理客体

管理客体是管理主体支配的对象,即组织内需要的各种资源。任何一个组织若要长期生存,首先要有一定的资源,其次,要能够对有限的资源进行优化整合,达到最佳的使用效果。任何一个组织的目的和形态都不相同,但都要有资源,没有资源的组织注定会消亡。组织所使用的资源并非单指组织内具有所有权的资源,还包括组织外的资源。组织的发展壮大,需要不断注入新的资源。因此,管理者需要不断研究如何获得新的资源,如何挖掘现有资源的潜力,如何合理配置资源等问题。

3.管理中介

管理中介是对实现管理系统目标的工具、方法、手段、措施等所有因素的总称。管理的手段和方法是随着社会经济发展的变化而变化的,采用不同的管理手段与方法,就会取得完全不同的管理效果。

4.管理环境

管理系统总是置于一定的环境中,管理环境是指影响管理系统运行和发展的一切要素的总和。社会、政治、经济、文化等外部环境是管理活动生存和发展的空间,这些因素对管理活动具有导向、约束等作用。管理的组织环境则是管理活动赖以存在和发展的基础,环境的变化对组织资源的开发利用有很大影响。组织环境的变化是绝对的,在时代发展中随着科技水平不断进步,组织环境的变化速率会越来越迅猛。

组织环境的变动特性可体现为不确定性和复杂性。不确定性是指环境的变化不可预料;复杂性是指组织的外部环境由政治、经济、社会、技术、文化等诸多因素共同影响,各种变量相互交错,十分复杂。组织所面临的复杂性通过影响管理决策的因素中表现出来,如生产的产品、消费者类型、提供的服务数量、组织所在的区域等。随着复杂性程度不断提高,组织变革的程度和其适应能力也随之提高。一般来说,组织面对复杂性的解决能力要比面对不确定性的解决能力强。

(二)管理资源的特性

资源是人类生存和发展的物质基础,在社会上任何活动的开展和目标的实现都是投入人力、财力、物力等资源的结果。通常来讲,资源是对人类社会发展所需要的各种要素及条件的总称,是自然界和人类社会中用于创造财富的介质。一切能够被人类所利用的、有使用价值的各种自然的、经济的、社会的条件及要素都可以被列为资源的范畴。一般而言,管理资源具有如下特性。

1. 生成性

任何资源都是在相对的自然和社会条件下形成的,即使是天然的资源也有这样的特性。资源的生成性这一特征对于管理的发展意义重大,它启示人们资源是可以培育的,任何管理都不能守株待兔,坐等资源自己出现。正确的态度是通过各种有效的方式及手段,积极、合理地创造各种培育和发展资源的条件,以满足管理发展的需要。

2. 过程性

资源是客观存在的,由各种发展过程组合而成,在开展的时间轴上呈现出持续不断的运动过程。因此,任何管理资源的存在和变化都是建立在一定条件之上的,对于任何过程来说,具备一定条件后,资源就会出现并展开自身的运动,某项条件消失后,这种依赖某项条件的资源就会随之消失。这就表明,管理活动对资源的开发和利用是有偿的而不是无偿的,对它的培育有一定条件。要想对资源取得开发、利用、培育的最佳效果,关键在于创造相应的条件,条件成熟后,目的自然会达到。此外,任何管理资源都有时效性,超过了时限,资源便会失去自身的功能和价值。

3.社会性

资源是在反映出的社会关系中提出的,这就表明资源具有社会性。无论什么东西,一旦成为资源,就会与人和社会产生关系,就具有社会性特征。市场经济条件下,资源的社会性通过资源的商品性体现出来。资源的商品性是指资源中体现的人们之间的利益关系,在市场上通过资源商品的交换得到协调和实现,这就达到了资源的配置和效用。此时就意味着管理资源的调控要考虑成本问题,为了得到某一类型的资源,就必须消费相应的价值。如果管理者对资源消耗不够重视,认为无足轻重,那么管理就很有可能失去资源优势,进而丧失与同类组织相比的竞争优势。

4.稀缺性

每个管理组织所拥有的资源尽管在数量、质量、种类上都不相同,但资源一定是稀缺的。资源的稀缺性不仅体现在存在形式上的客观稀缺,还体现在人类对资源认知和创造上的稀缺性。也正因如此,才会有"可持续发展"理论的提出。

管理资源的稀缺性对管理目标影响巨大,制定管理目标必须以管理的有限资源为出发点,对有限的资源进行调动。管理的可调动资源是指管理在实现既定目标中可调动的所有资源。当一个管理活动与其他管理活动有着密切的合作关系,且本身具有偿还能力的条件下,可向其他管理活动"借用"资源,为自己的管理目标的实现而配置。此时,管理可调动的资源大于管理自己拥有的资源,相对地,管理目标就可以定得高一些,这样整个组织都会有更好的发展。相反,当管理活动中所拥有的有限资源中还有一些价值低、无法使用的资源,且又无法获得其他管理活动的援助时,那么可调用的资源就比它名义上拥有的有限资源还要少,此时,管理目标的制定就要稳妥一些。

5.连带性

资源的连带性指的是不同资源在使用上的相互连带、相互制约的关系。一方面,管理活动的各项资源都是客观存在的并发挥作用与价值,不同的资源间不仅密切联系,而且在实际的使用过程中也是相互依存、相互制约的。另一方面,一种资源的使用往往都是以另一种资源的投入或损耗为代价。

不同资源之间存在着既相互依赖又相互碰撞的关系。因此,对于管理资源的优化整合问题,必须认识到资源以整体形式存在,会出现连带的影响。这就要求管理者必须对资源的功能、价值及效果等方面进行全面而综合地考虑。

二、管理要素间的关系

(一)管理要素之间的整体性

正确理解和把握管理系统各要素的作用,前提是必须将它们视为一个整体,对于不同要素的作用和功能要从整体上认知和理解。大量管理案例说明,静止、独立的看待管理的不同要素是不能抓住工作重点的,更不可能发挥不同要素相互协同、整合的作用。

(二)管理要素之间的独立与统一

管理活动中的各要素虽共筑一个有机整体,但各要素间相互独立,各显其能,它们是整体和部分的辩证统一。树立整体观念是正确理解和充分发挥各要素作用的前提,了解并深入研究各个要素的作用、价值和规律则是提高管理效能的基础。片面强调整体而不看整体中的各个因素,也就看不清整体的结构和格局。如果认识上出现了偏差,工作上就难免会分不清主次,管理者就要负相应的责任。

(三)正确处理各管理要素间的关系

实际工作上的管理,需要处理好各管理要素间的关系。从不同的观察角度来思考,这些关系不仅包括要素间的直接关系和间接关系,还包括要素整体与部分的关系、部分与部分的关系等。隐形的直接或间接关系有时甚至比有形的关系更为重要。

(四)把握管理要素间的动态变化

管理各要素的作用和相互之间的关系并非是一成不变的,而是随着管理活动的进行逐渐变化和发展。有人认为只要了解各要素的作用及其相互关系就能在管理活动中一劳永逸,这种观点是极其错误的。因此,作为管理者来讲不仅要了解和掌握各要素的作用,处理好要素之间的关系,还必须及时捕捉事态发展的征兆和信息,以此调整管理活动的行为和工作重点,达到动态管理的目的。

第四节 体育管理的基本概念与要素

一、体育管理的基本理论

(一)体育管理的内涵

从历史来看,体育管理在古希腊时期就已经得到应用。古希腊时期角斗士之间的搏斗和角斗士与野兽的搏斗吸引了大量的观众。在古代就有气势磅礴的古代奥运会。帕克斯和奥拉夫森认为,考虑到古代奥运会具有的庞大规模,当时一定有食品和饮料的专门承包商、推销商、采购代理商、市场营销人员和经营管理人员。体育管理不仅是一门理论性学科,同时也逐渐形成了专门的职业。它是很多人的主要收入来源和本职工作。在当今,所有这些人都被称为体育产业的从业人员,包括所有从事体育管理应用领域工作的人员。

在国外的研究中,体育管理和体育行政常常相互替代,但还是体育管理更加明确和准确的从整体的角度对这个学科进行描述。也就是说,管理完整地概况并代表所有与体育相关的领域。德森希等把体育管理定义为"在主要产品和服务都与体育有关的组织或部门中,有关计划、组织、指导、控制预算、领导以及评估的任何综合技能"。尽管一些学者对这两个术语进行了区分,认为行政的作用是制定目标和政策,而管理则是执行这些政策的过程,但把它们当作相同概念已经为人们所接受。管理一词在体育管理领域中的运用最为广泛,它已经成为传播体育运动管理理论的重要来源。

体育的定义十分广泛,在不同侧重的研究中有不同定义。当代体育管理已成为一种学术研究领域,因此体育一词有着广泛的含义。体育管理的学术范围包括体育经营、体育产业方面的研究,因此体育一词也就应包含产业的所有环节,如体育服装、体育用品、体育旅游、体育赛事观看等内容。既然体育管理上升到学术的高度,因此有必要给体育管理进行现代化的定义。

笔者在查阅相关资料后对体育管理给出定义:体育管理是关于所有参与制造、帮助、推销或组织任何与体育、健身及娱乐相关产品有关的人、活动、组织和经营的一种研究和实践;体育产品可以是商品、服务、人员、场地或是创造。

(二)体育管理的外延

在体育管理内涵的基础上,可以进一步分析体育管理的外延。目前,国内学者通常将体育管理分为群众体育管理、竞技体育管理和体育产业管理,这部分内容统一称为体育部门的管理。体育管理按照社会属性,还可以分为职工体育管理、社区体育管理、娱乐体育管理、体育俱乐部管理等管理内容。有学者也把学校体育管理、社会体育管理、竞技体育管理等内容视为国家体育事业的主要业务管理,而把体育人力、物力、资金、时间、信息等看作体育管理对象的要素管理。由于研究的着眼点不同,我国学者对体育管理外延有着多种认识。

自体育产生之日起,各种体育管理活动随着体育发展自然发生。因此,对体育外延的准确理解是掌握体育管理外延的重要前提。长期以来,我国学界对"体育"的分类有很大的争论和探讨,诸如大体育、小体育、广义体育、狭义体育等讨论层出不穷,始终难以统一和规范。从操作的角度来看,体育往往被划分为群众体育、竞技体育和体育产业三部分。但是在实际的研究中,体育如何划分一直是国内学者广泛争论的焦点问题,至今尚无统一标准。

有学者提出体育锻炼、体育教学、体育游戏、运动训练和体育竞赛不仅是发展我国体育事业的基本途径,还是体育的基本手段。受到这种思想的启发,根据体育活动目的不同,可以把体育分为体育教育、体育锻炼、运动训练、体育竞赛和体育娱乐,对于各自划分后的体育内容进行相应的管理。这几类活动分别对应着体育管理实践的具体领域。需要注意的是,对于体育的划分要从人的实际情况入手,把体育管理活动划归到部门或更具体业务的领域进行研究。

体育实践内容日益丰富,体育管理的外延范围会越来越大。以学科的角度来看,体育管理学的分支学科会越来越多,分得越来越细。体育管理学的二级学科,诸如体育组织管理、体育项目管理、体育资源管理、体育物业管理、体育管理原理、体育信息管理等都会有人去研究和开拓。

体育管理学的某些二级学科也有可能产生更深层次的学科。例如,体育产业管理发展壮大后可能会产生体育休闲产业管理、体育广告业管理、体育经纪人管理、体育市场管理、体育旅游产业管理、体育无形资产管理;社会体育管理发展壮大后可能会产生社区体育管理、乡镇体育管理、大众健身俱乐部管理、民族传统体育管理和伤残人群体育管理;竞技体育管理发展壮大后可能会产生运动训练管理、职业体育俱乐部管理、体育赛事管理;体育人力资源管理发展壮大后有可能产生运动员管理、教练员管理、体育教师管理、社会体育指导员管理、体育科技人员管理、体育志愿者管理、裁判管理等。

(三)体育管理的职能

1.决策

在过去的管理活动中,把决策看成是计划职能的一部分,认为决策仅仅是"从行为过程的多个抉择方案中进行选择"。实际上,计划是决策过程中的一部分,是为了决策的实施而制定的,任何计划都是实施决策的工具。决策是对于未来而制定的,制定决策的过程十分复杂。决策具有层次性,分布在各项管理活动中,是管理活动中排在第一位的职能。

2.组织

决策制定出来就要实施,而实施决策就要依靠组织工作去落实。管理活动中的组织职能是为了实施决策,依据决策目标任务建立组织、设置岗位、完善制度,形成有效的组织结构,使整个组织协调地运转起来。

3.领导

做好决策和组织工作后,还需德高望重的领导者履行领导职能。通过领导者的领导,对组织中的人进行指挥,成员间进行信息沟通,相互之间增进理解,组织内的思想和行为自然地统一,激励组织的所有成员自觉地为实现组织目标共同奋斗。

4.控制

为确保决策、目标和整体计划得以顺利实现,管理活动中就需要发挥控制职能的作用。控制职能的实质就是使实践活动符合计划的要求,计划就是控制的执行标准,没有控制就没有管理。

5.创新

人们目前所处的社会是知识经济型社会,各种状况瞬息万变,各种信息快速更新。在管理活动实践中,只有管理人员的不断创新,才会带领组织取得更大的成功。中国乒乓球队长盛不衰,一直垄断着世界大赛的桂冠,重点在于他们始终坚持创新,引领着乒乓球运动的发展潮流。据不完全统计,近一个世纪以来,世界乒乓球技术、器材创新最突出的共有 46 项,中国原创的有 27 项,占创新总数的 58.7%。正是由于中国乒乓球队不断创新,使他们在面对乒乓球发展变化中的适应与反适应、控制与反控制的矛盾中,经常占据主导。

(四)体育管理的目的

体育管理的主要目的是实现组织的目标效益和经济效益。这满足国家经济发展的需求,也最大限度地满足了人民物质和文化生活的需要。对体育管理的目的,要理解下面两方面的内容。

1.效率与效益的关系

效率是指单位时间内所完成某项工作的效果的量化指标,反映了劳动时间的利用情况,与效益有一定的联系。效果,是指投入资源后经过转换而产生的对组织有用的成果,其中有的能带来效益,有的无效益。效益是有效产出与其投入之间的比例关系。在管理实践中,通常情况下说效率高往往就代表着效益好,但是效益与效率并不一定总是一致的,因为效益取决于系统的目标方向正确与否。效益公式如下所示。

$$效益＝效率×目标方向$$

如果目标方向正确,效益与效率成正比;如果目标方向是错误的,则效益与效率成反比,即投入的效率越多,损失反而越大。

2.社会效益与经济效益关系

效益可从社会和经济这两个不同角度去评价,也就是社会效益与经济效益。社会效益和经济效益两者有着紧密的联系,但是也有一定区别。经济效益是社会效益的基础,而社会效益又是促进经济效益提高的重要条件。经济效益比社会效益更加显而易见;经济效益可以运用若干经济指标计算和考核,而社会效益往往是抽象的,难以测量,必须借助其他形式间接考核。

(五)体育管理的核心

体育管理包括事务的管理和人员的管理两个方面。但是,无论事务是什么样的,体育管理的核心终究是人。管理人之前首先要选择人,特别是选取出类拔萃的人,即管理人才;其次要合理用人,充分调动人的主动性、积极性和思维创造性。归根结底,体育管理的核心就是处理好体育活动中人与人之间的关系,充分调动各种人员的责任感和积极性。

二、体育管理学的性质

(一)体育管理学是一门部门管理学

管理学是以各种管理工作中有共同点的、普遍适用的规律和方法为研究对象,但是它难以适应不同部门和不同类型的管理工作,因为不同部门和不同类型的人在管理上的规律也不相同。这就需要在管理学指导下的各个不同部门的管理学去研究各种特殊的规律与方法,所以体育管理学是一门在管理学指导下的部门管理学。

(二)体育管理学是一门软科学

体育管理学中主要研究的体育管理,虽然与人们在运动实践中形成的多种运动规律有着密切的联系,但它并非专门研究这些规律。体育管理学研究的是如何协调人们在体育实践中的关系,因为管理本身就是协调人们之间关系的学科。正如物质生产领域中,管理学不研究社会生产过程中直接物质生产活动的硬性规律,而专门研究如何协调人们行为的规律,从而促进整体效率的提高。体育管理学是一门软科学。

(三)体育管理学具有双重分类属性

丰富多彩的体育工作实践是体育管理学赖以产生、发展的基础和平台。从体育管理学内容的分类属性看,其直接来源非常广泛。首先是现代管理科学的理论、方法和技术,它们构成了体育管理学的方法理论基础;其次,体育科学的理论、知识,它们构成了体育管理学的认识论基础。因此,体育管理学的分类属性是双重的,一方面它属于现代化管理科学,是其中一门部门管理学;另一方面它还是现代体育科学,是其中一门重要的、应用性强的软科学。

(四)体育管理学是一门综合性的应用科学

体育发展到现在有着丰富的内容,范围非常广阔,规模十分庞大。体育实践涉及自然、社会、思维、心理等复杂的因素。体育管理学作为揭示诸多因素的体育实践的规律和方法的一门科学,其内容必然广泛涉及自然科学、社会科学以及心理科学,同时,也与哲学、系统科学有着密切的联系。所以,体育管理学是一门交叉性的学科。

体育管理学拥有的这些基本属性,不仅决定了它与整个现代科学、现代管理科学和现代体育科学的联系;同时也决定了它在目前所形成的体育管理科学中所处的地位,以及概念和研究方法上的性质。

三、体育管理学与相邻学科之间的关系

(一)体育管理学与经济学之间的关系

经济学是研究各种经济关系和经济活动规律的科学。管理学和经济学相互借鉴,相互促进。一方面,经济学为管理学提供了基础经济理论支持,管理经济学就属于经济学的分支之一;另一方面,把经济对管理提出的问题进行深入研究,有助于经济理论的不断调整和发展。如管理决策学派创始人西蒙通过对管理组织决策过程的研究,提出了"有限性"和"令人满意准则"这两个基本命题,对微观经济学的基本命题进行挑战,促进经济学的发展。

管理学和经济学之间也有着明显的差异。管理学具有多学

科性和艺术性的特征,在研究方法上具有多学科性移植交叉的特征,因此,管理学十分开放。管理学吸收了大量的经济学知识,甚至可以认为管理学就是以微观经济学为基础创建的。与管理学相比,经济学表达得更加理性,追求科学性,有独特的研究分析方法,任何没有通过数字进行确切描述的内容都难以进入经济学的研究范畴之中。此外,经济学与管理学的区别还体现在"人性的假设"上。主流经济学侧重于"理性人假设"和"坏人假设";而管理学的人性假设分歧较大,存在"经济人、社会人、复杂人、文化人"的学说,进而形成了管理学的不同流派或学派。

体育管理学长期以来重点关注体育行政组织和事业单位的管理效率的研究,一般是对存量资产管理的效率最大化进行研究,属于计划体制的管理模式。随着社会主义市场经济的成熟与完善,体育投资主体的多元化,体育管理学与经济学之间的联系越来越紧密,迫切需要从经济学中挖掘理论,用来充实和完善现有的体育管理学。

(二)体育管理学与社会学之间的关系

社会学是以人类的社会生活及其发展为研究对象,揭示人类各个历史阶段的各种社会形态的结构、发展的过程和规律的科学。管理学与社会学在学科性质与研究方法上有一定的相似性,比如两者都倡导解决社会存在的问题,提高社会组织运行的效率。体育管理学重点研究体育管理组织的资源配置和效率,而社会学是对整个社会系统的研究,体育只是其中之一。从某种意义上来讲,社会学其实就是宏观管理学。在研究方法上,体育管理学和社会学都倡导凡是能够达到研究目的的方法都可以去运用。在一定程度上,二者也有明显区别。社会学与管理学一样,把人作为研究对象,社会学研究的是人类自身、人与社会、人与人的关系等内容,主要是为了客观地说明社会良性运行和协调发展的条件和机制。管理学的研究对象与社会学相比更加直白、明确;而社会学的研究对象比较广泛、抽象。

（三）体育管理学与法学之间的关系

法学是研究法律及其发展规律的科学。制定法律法规及规章条例，对社会行为进行一定的规范，达到控制社会的目的，体育管理在制度控制和组织控制上的要求与法学的这些特点是不谋而合的。法学的法律控制成为体育管理学的重要内容之一，也是体育管理学的重要方法和途径，但是不同学科法律控制的形式是有差异的。

（四）体育管理学与数学之间的关系

数学具有精确性、普遍适用性、高度抽象性的特点，并拥有独特的公式化定理，它对运动现象提供了定量的研究方法。体育管理学是管理学的一个分支，在初始阶段注重行政化的管理，随着我国体育管理体制的不断完善和体育管理研究领域的不断拓宽，体育管理开始呈现出营利性的色彩。定性的管理研究已经满足不了体育发展的要求，体育管理开始借助管理模式、系统理论、模拟模式、计算机技术的力量，寻求资源系统的最优配置。在建立模式和求解的过程中，必然会应用到数学的理论和方法。体育管理学的发展需要数学的理论作为基础。数学为体育管理学提供相应的方法论，促进管理学由定性研究为主向定量研究发展，提高体育管理的科学化水平；同时，体育管理学中的一些复杂问题的解决，也为数学的发展提供了一个新的天地，丰富了数学研究领域。

四、体育管理的基本要素

体育管理主要包括人力资源和物质资源、技术与方法、环境因素等。具体来说，体育管理活动的形成与发展必须具备五项基本要素。一要有体育管理的主体，确定由谁来进行体育管理；二要有体育管理的客体，说明体育管理的对象是谁；三要有体育管理的目的，要明白为什么进行体育管理；四要有体育管理的方法和手段，以便于解决体育管理中存在的问题；五要有体育管理的环境,体育管理中必须要具备一定的环境或条件才得以进行。

(一)体育管理的主体——管理者

主体是指实践活动的承担者。辩证唯物主义认为,主体是具有意识性、自觉能动性和社会历史性的现实的人。体育管理主体是指行使管理权力的人,其具体要素由体育管理者和体育管理机构组成。

1.体育管理者

体育管理者主要由两部分人员组成,一是根据体育组织既定目标将目标任务分解为各类体育管理活动、工作任务和负责最终督促完成既定目标的人员,这类人员是组织内的核心人物,也可以说是体育组织的高级管理者。二是相关计划、组织、协调、控制等体育管理活动的具体执行者,这类人员是组织中的骨干人物,没有他们就无法实现既定目标。

体育管理主体的概念虽然可以涵盖所有的体育管理者,但从一个体育组织生存发展的角度来看,高层的体育管理主体的地位往往更加重要,因为高层体育管理者的决策和指挥是否到位,对于体育组织目标的实现有着巨大的影响,有时往往决定了体育组织的成败。因此,高层体育管理者决策与指挥是否科学,首先取决于体育管理者的素质与能力是否过硬。体育管理者的素质与能力主要从以下几个方面衡量。

(1)思想素质

体育管理主体要具备的思想素质包括以下几个方面。

①勤奋好学,使体育管理者拥有较高的知识水平。

②拥有崇高的使命感,使体育管理者具有让现有体育组织管理发展壮大的意愿。

③开拓创新,使体育管理者拥有勇于进取的精神,改革创新的意识,高瞻远瞩的目光,远大的志向,拼搏的勇气,将失败转化为成功的勇气。

④诚信做人,使体育管理者在对人对事方面具有诚实守信的

品质。

（2）心理素质

体育管理主体的心理素质主要包括以下几个方面。

①自知。有自知，才能正确地看待自己的优点和缺点，才能扬长避短，发挥长处。

②自信。拥有充分的信心和勇气，自信是保持工作动力的源泉。

③意志。从心理学上讲，意志是意识的调节，是个体根据确立的体育目标进行的调节行为，从而实现预定体育目标的心理过程。体育管理主体的意志体现为坚毅、果断、顽强、勇于攀登。

④胆识。胆识就是在决策时的胆略与气魄。每一项体育管理活动都有风险，尤其体育竞技中有"成王败寇"的色彩，如果体育管理主体没有胆识，很难进行体育管理的相关工作。

⑤宽容。宽容体现了体育管理主体理智的心理品质，既要对工作中有失误的人宽容，又要对工作中曾经与自己发生过冲突的人宽容。

⑥忍耐。体育管理主体对体育事业，对环境条件以及局势、时间等变化要有承受能力。当一项体育管理活动必须通过较长的时间才能完成时，当管理活动困难重重前途未卜时，当所做的工作不被大家理解时，体育管理主体则应表现出忍耐的心理素质，唯有忍耐才能迎接最后的成功。

（3）远见卓识

体育管理主体的远见卓识主要表现在以下几个方面。

①及时收集最新的体育管理、体育科技成果、体育知识和体育前沿信息，并进行针对性的学习。新的体育知识与信息是对过去体育知识体系的总结和进一步发展，可以使人们对百思不得其解的问题提供新的方法和思路。

②系统的思维方式。系统的思维方式也就是辩证的思维方式，从不同方面去看问题，不仅观察其现象还要探究其原因。体育管理主体要采用系统的全方位的思维方式，从系统的具体构造到系统的综合、从局部到全局、从现象到原因的思维方式研究问

题和解决问题。

③奋发向上的价值取向。体育管理主体的价值取向就是追求体育事业成功和永不满足的观念。只有追求卓越和永不停歇，才能不断勇攀体育管理的高峰。

（4）应变能力

体育管理本身就是动态、变化的，应变能力也就是快速反应能力，考验着体育管理主体的创造力。体育管理环境与条件的变化，使体育管理中的问题往往是非程序性的，解决非程序性的问题需要管理主体的创新和应变。体育管理主体的应变能力主要表现为以下三个方面。

①在体育管理活动的变化中快速产生对策和创意。

②审时度势，随机应变地应对各种问题。

③在体育动态环境中能认清方向，持之以恒。

（5）协调能力

体育管理主体应具备较强的组织协调能力，才能够有效地组织所需投入的资源，能够在改变原来的管理程序、推进新的管理范式时，使体育组织依然能够有序地运转。也就是说，体育管理主体如果没有较强的组织协调能力，就会使体育管理过程带有更多的不确定性。体育管理主体的协调能力主要表现为以下三个方面。

①培养组织中的团队精神，大家齐心协力，心往一处想，劲往一块使。

②有效的进行资源配置，使其在各自岗位上正常运转。

③个体与整体协调一致。

（6）创新能力

体育管理中的创新能力基于体育管理主体的创新意识，划线部分的语句是否不通顺，需要修改，准确地发现新事物的诞生，提出大胆的假设和推断，制定出可行性的方案去尝试和探究。体育管理主体的创新能力与个人的气质、动机、情绪、习惯、态度、观念、才能等各方面都有着密切的关系。体育管理主体创新能力的主要特征表现为以下几方面。

①对所做的事情有极大的兴趣。

②在体育环境中具备敏锐的洞察力。

③具有系统、辩证的思维方式。

④富有独立意识与独到见解。

2.体育管理机构

体育管理机构是体育管理活动的依托和组织保障。没有体育管理机构,没有体育管理对象,就形不成一个系统,管理人员就没机会去实行管理职权,更无法进行管理活动。因此,体育管理机构是体育管理主体不可缺少的重要组成部分。体育管理机构的设置是否科学、合理、规范,直接影响着体育管理的效果。

(二)体育管理的客体——管理对象

客体是指主体实践活动和认识活动所指向的对象,与主体相对。主体与客体构成人类的实践活动和认识活动中的一对基本范畴。体育管理客体是体育管理活动的作用对象,因此,体育组织内的管理客体范围巨大,主要包括以下内容。

1.体育组织中的被管理者

体育组织中的被管理者都是体育管理的客体,他们负责执行体育组织分配给予的各项工作任务,通过一定的规则和规范进行工作内容的执行,取得良好的业绩。他们是体育管理工作中积极活跃的分子,体育组织管理目标的实现最终取决于被管理者的协同与配合。

2.体育组织中的其他成员

任何一个体育组织在维持与生存发展中都要有一定量的资源,一般应具有以下类型的资源。

(1)金融资源

金融资源也就是货币资本和现金。货币资本和现金可以购买物质资源和人力资源,比如足球俱乐部购买足球装备,引入新的球员。因此,拥有的金融资源实际上反映了体育组织资源的多少。金融资源是一个体育组织在一段时间内所掌握和支配的物质资料的价值体现。体育管理活动必须有财力的基础,但如何最大化地发挥金融资源的作用,则是衡量一个体育组织系统功效高低的主要标志之一。

（2）物质资源

物质资源由固定资产、低值易耗品及材料三者构成,诸如运动场馆、教学仪器、设备、办公用品等都属于物质资源。对于物质资源的管理,主要目的是提高资源的利用率,使其充分发挥效应。

（3）时间资源

对于高效能的体育管理组织系统来说,必须考虑如何充分利用时间,尽可能地在短时间内完成某项目标,取得更好的效果。

（4）信息资源

信息资源指在日常体育管理工作中需要用到的各类信息。信息是体育管理工作的命脉,其重要程度和人力、财力、物力资源相同,信息资源是体育管理工作中的重要因素。

（5）关系资源

想要又快又好的办好一件事情,就要捋清和协调好与各个组织的关系。体育管理中的关系资源是指体育组织与其他组织如政府、企业、银行等方面的合作程度。体育组织不能孤立存在,必须与其他组织保持相对的关系,而这种关系有时会帮助本组织实现目标。

3.其他体育管理的客体

体育组织向外扩张和发展时,作用于相关的人、财、物、时间、信息和其他组织时,这些也就成为体育组织管理的客体,只是这类管理客体不是很确定,经常会变动。

（三）体育管理的中介

体育管理中介是指为实现体育管理目标而采用的手段、途径、方法、步骤等的总称。体育管理中介能够保证管理活动顺利进行,促使管理目标实现。计划、组织、控制是体育管理中最基本的管理中介方式,也是体育管理的职能。

体育管理中介还包括各式各样的体育管理手段和体育管理方法。体育管理手段包括管理法规、管理信息和管理工具等。其中,管理信息既是管理的对象,也是管理的手段和工具。通过现代化的信息管理技术,促使实现管理现代化,能够进一步提高管理活动的效率。体育管理方法是用来达到体育管理目的,实现体育管理任务的手段和途径。不同层次的体育管理方法构成体育管理的方法体系。如果想达到管理目标,完成管理任务,除了遵循一般的管理原则外,还必须探究管理方法。没有方法,就无法完成管理任务。

(四)体育管理的环境

体育管理的环境既包括体育管理主体和管理客体所组成的组织内的内部环境,又包括政治、经济、法律、文化、自然等组织外的外部环境。外部环境决定着管理主体、管理客体以及管理目标的性质,也决定着具体采用哪种体育管理方式。体育管理组织是一个开放的系统,组织内部各层级、各部门之间和组织与组织之间,无时无刻不在交换和共享信息。任何组织都处于一定的环境中,并随时随地与环境发生物质、能量或信息的交换,组织脱离了环境就失去了存在价值。组织是在不断与外界交流信息的过程中逐渐发展壮大的。所有管理者都要高度重视环境因素,必须在不同程度上考虑到外部环境,如经济、社会、技术、政治和伦理等多种因素的影响,使组织的内外要素互相协调。

(五)体育管理的方法

切实有效的体育管理方法是保证体育管理活动顺利进行、实现体育组织管理目标的一项重要因素。总体来讲,体育管理的主要方法有三种。一是体育管理的基本方法,包括行政方法、法律方法、经济方法、教育方法等;二是体育管理的哲学方法;三是现代体育管理的技术方法。

第二章　现代体育管理因素与环境及其思想的发展

体育管理对于体育事业的发展以及体育事业相关活动的开展有着非常重要的作用和意义。体育管理涉及很多方面的因素，并且同很多环境条件有着密切的联系，同时体育管理需要有一定的思想作为指导。本章就现代体育管理因素与环境及其思想的发展进行研究，内容包括现代体育管理系统的外部环境、现代体育管理系统的内在构成、现代体育管理工作的基本矛盾、东西方管理思想与中国传统管理思想以及现代体育管理思想的发展与体育管理学科的建设。

第一节　现代体育管理系统的外部环境

人们通常所说的管理环境就是体育管理系统的外部环境。可以说，管理是环境中的一个过程，同时也是环境的产物。对所面对的环境进行科学合理的判断，直接决定了能否产生最佳的管理方案。可见，管理的外部环境是采取管理措施的基本依据。

一、体育管理环境的概念

体育管理环境是指直接或间接地作用和影响并决定体育管理活动的诸种客观因素的总和。作为一个开放的系统，体育管理的本质特征在于寻求与外部环境的协调、适应，以提高系统功效，满足社会不断增长的体育需求。为了更好地对环境进行认识、利用和适应，对管理环境的主动权加以掌握和运用，需要对这一概念从以下几个方面进行理解。

（一）体育管理主体不同，管理环境也不同

我国幅员辽阔，地域广大，经济、政治、文化、体育发展不平衡，使得全国为数众多的省、市、县、乡各自所处的体育管理环境差异较大。正是因为这种差异的存在，使得体育管理更加具有复杂性和多样性。

（二）不同的管理环境对同一体育管理主体能够产生不同程度和效果的影响和作用

自然环境、社会环境、国内环境、国际环境等都是体育管理环境的重要构成要素。不同形式和内容的管理环境在体育管理活动中会表现出以下几方面特征。

（1）有的是对管理主体活动的总体起作用，有的是对其活动的具体方面起作用。

（2）有的可能对管理主体间接地起作用，有的则是现实地、直接地起作用。

（3）有的是暂时地、偶然地起作用，有的则是长期、必然的起作用。

由此可见，管理环境是多方面、多层次、多种因素的总和。在对管理环境进行考察和利用时，要依据环境对体育管理的作用情况以及实际效果，对主要与次要、一般与特殊、长期与暂时、偶然与必然、直接与间接、整体与局部的关系加以正确地处理和区分，这在对管理环境进行有效利用和驾驭方面有着非常重要的意义。

（三）同一管理环境对不同体育管理主体能够产生不同程度和效果的影响和作用

这是从动态的角度，对不同体育管理主体认识、利用同一管理环境的程度进行的分析。在对社会主义市场经济体制进行构建的过程汇总，一旦形成了"统一、开放、竞争、有序的大市场"，在这一相同的市场环境、政策环境中，每一个体育管理组织都将展开公平竞争。这就看谁能在新旧体制转换和发展市场体系过程

中,对这一变动的环境及其发展趋势进行充分的认识和把握,尽快以市场为导向,发挥市场体制在体育资源配置中的基础性作用。管理环境相同和相似的条件下,在对环境进行认识和利用的能力方面,不同的体育管理主体存在很大的差别。这一现象将伴随着我国体育改革与发展的全过程。

必须指出,决定体育管理活动的不是哪一种管理环境因素,而是各种客观环境因素的总和。也就是说,它是各种环境因素综合作用的结果。任何一种环境因素在体育管理活动中的作用和影响均是有限的。因此,在实际工作中对环境要采用系统的观点进行看待,不能以偏概全,如果对可以利用的环境因素予以忽视,那么很可能会耽误管理工作。

二、对体育管理环境进行研究的重要性

(一)对管理环境进行研究是体育管理决策职能的基本环节和重要内容

随着体育工作变得日益复杂,体育竞争越来越激烈的情况下,对迅速决策的需要越来越迫切。体育影响力的日益扩大,同样也需要正确的决策。任何一项伟大而正确的体育决策,都须臾不可离开缜密而深入的环境分析。否则,就很难对制约决策目标的限制性条件和可能性条件进行提前预知,更无法对比和总体权衡决策预案的利弊。为了创造和利用最佳环境条件,降低决策成本,正确选择决策方案,在决策过程中,体育管理组织必须确保环境分析这一基础性环节的完整。

(二)对管理环境进行研究是建设中国特色体育管理体制和良性运行机制的客观需要

一个国家的体育究竟采取何种发展道路以及采取何种管理模式,应根据本国的国情和历史发展来决定,不应该脱离这个最基本的现实环境与历史条件。所以,建设中国特色的体育管理体

制和良性运行机制,既是我们总结长期历史经验得出的基本结论,也是当代中国客观体育环境及其发展的必然要求。因此,在发展有中国特色社会主义体育事业的历史进程中,必须重视管理环境研究,增强环境制约意识,并善于在实践中依据环境的变化,及时调整,不断完善。

(三)对管理环境进行研究是体育管理系统为自身发展创造适宜的外部条件的需要

从宏观角度来看,在社会大系统中,体育管理系统是一个子系统,它既会对社会大系统的稳定和性质产生直接影响,同时也会受到外部环境的反作用。社会大系统全方位的和谐高效,建立在包括体育管理系统在内的各个结构子系统良性的相互补偿的基础之上。所以,作为社会大系统的组成部分——体育管理系统,必须时刻追求与外部社会环境的协调、平衡,才能为自身的发展创造适宜的外部条件。否则,这一系统的内部协调是不可能持久的。

一般来说,这种平衡和协调都是通过体育管理系统对环境的"适应"得以实现的。而体育系统与周围环境之间的平衡和协调能够具体化为两种最为重要的协调。

1.体育事业与经济发展之间的协调

在新的历史时期,当前的中心任务就是促进生产力的大发展,所有工作包括体育在内,都要围绕经济建设这个中心,而不能偏离这个中心。虽然经济的发展制约着体育的发展,但体育并不是对经济发展进行消极被动的适应。因此,发展体育事业必须注意与国情、国力相适应,与经济水平、财政状况、基础条件相协调。

2.体育与科学、教育、卫生、文艺等文化事业之间的协调

体育与科学、教育、卫生、文艺等文化事业,是大文化统一体中互相关联、互相影响的各个部分,脱离其他事业的支持与帮助搞体育的"一家独秀"是不现实也不能持久的。因此,体育部门需

要协调与教育部门的关系,共同抓好学校体育工作;需要协调与卫生部门的关系,共同抓好群众保健体育工作;需要协调与文化部门的关系,抓好文化娱乐体育工作等。体育管理的成功,不仅需要系统内部上下一致的努力,更需要系统外部环境,即全社会的配合和支持。

三、体育管理环境的类型

体育管理环境根据环境形成的原因可以分为两大类,即自然环境和社会环境。

自然环境是依靠天然力量所形成的。

社会环境则是通过人类的劳动与创造形成的。在国家体育管理中,社会环境是主要的环境因素。

(一)自然环境

自然环境是指体育管理活动赖以存在和发展的各种自然条件的总和。[①] 随着人类社会的进步和科学技术的高度发展,自然环境的外延将日益扩大,人类将不断深化对整个生存空间和管理环境的认识。

在国家体育管理中,自然环境是其中的一个最为基本的环境因素,所以在对自然环境加以认识和利用时,要注意以下几点。

第一,自然环境是由很多各种自然因素所共同构成的一个整体,它是一个相互作用、相互联系的生态平衡系统。在这样一个生态系统汇总,倘若各个因素相互之间保持正常的物质循环和能量交换,系统中的生物及其相关因素就能正常存在和发展,也就能为体育管理提供良好的自然环境;否则,生态系统失衡,系统内的各因素不能进行正常的能量交换和物质循环,也就大大增加了体育管理的难度。可见,在大力发展体育运动推进科学化管理的同时,必须保护自然生态环境,维护生态平衡,这不仅是自然规律的内在要求,而且是体育可持续发展的重要内容。

---

① 全国体育院校教材委员会. 实用体育管理学[M].北京:人民体育出版社,2004.

第二,自然环境的好坏会对体育的发展起到加速或延缓作用,但不能对体育的性质起到决定作用。因为自然环境的优劣对体育事业发展的影响只是可能的、相对的和有条件的,而人则是掌握这种可能性的主体。特别是在当今科学技术高度发达,管理技术日益先进的情况下,一个国家或一个民族征服自然、控制自然、利用自然乃至最终战胜自然的能力已大大增强。所以,一旦认识或掌握了本国的自然生态规律,我们就能从必然王国不断迈向自由王国,从而成为改造和利用自然环境的真正主人。

(二)社会环境

社会环境是指通过人类自身劳动与创造而形成的直接或间接作用和影响体育管理活动的诸种因素的总和。[①] 社会环境主要是由非常复杂的各个要素共同构成的人为系统,其基本构成要素主要包括经济、政治、文化、人口等。

1.经济环境

经济环境是指对体育管理活动有直接或间接作用和影响的各种经济因素的总和。它主要包括一个国家的生产力水平、经济制度、经济体制及其运行机制、资源分布和有效配置、区域经济状况、市场状况、产业结构等方面的因素。这些因素相互联系、相互作用、相互制约,构成一个国家的基本经济环境,从根本上制约该国的体育管理体制和运行机制。当代各国经济环境最明显的特征是经济环境的市场化,市场经济已成为各国变革经济体制的共同课题。因此,我们应该从实际出发,加强对市场化条件下体育管理的经济环境的研究,特别是要重视对一个国家生产力状况以及由此而决定的经济制度和经济体制的研究,重新调整政府的体育管理方式,努力使市场行为与政府行为取长补短,相互补充,努力为体育管理创造一个良好的、相对稳定的经济环境。

---

① 全国体育院校教材委员会. 实用体育管理学[M].北京:人民体育出版社,2004.

2.政治环境

政治环境主要包括国家的政权制度、政党制度、法律制度、政治局势等。经济环境会对政治环境产生制约,而政治环境能够将经济环境的要求主动反映出来,并对一个国家的体育管理产生直接作用和影响。政治环境越是公开、稳定和透明,体育组织的战略机会就相对明确,具有稳定性和长期性。相反,如果处在具有较大不确定性的政治环境中,体育组织的计划、组织、控制等职能也会表现出相应的不确定性。因此,政治环境保持相对的稳定与平衡,是从事国家事务和包括体育管理在内的社会公共事务管理的根本因素,以及首要的、必备的基本条件。

在体育管理系统中,政治环境中的法律制度具有直接的特殊作用,伴随着体育事业所涉范围的不断扩大,在体育发展中,体育商业化、职业化和社会化发展为其带来了更多的挑战和机遇。这也使得体育管理面临着很多法律方面的问题,根据法律来管理体育也是体育管理的重要手段。因此,构建比较科学、合理、健全、严密而又符合本国体育管理需要的法律环境,就显得尤为必要。法律体系越健全,执法过程越公正透明,就越有利于体育组织的发展,管理上组织协调的难度就越小。

3.文化环境

从广义层面来看,文化是指人类所有创造活动及其成果。狭义的文化是指精神财富。一般来说,根据文化的存在形式及发挥的作用,可以将文化划分为物质文化、精神文化和社会文化。

物质文化由劳动资料、生活资料、信息设备、办公设备等物质形态组成。

精神文化即精神产品,它是人类思想活动的概念化、条理化和理论化的结果,包括哲学、文学、艺术、科学、思想等。

社会文化就是人们在长期交往中所形成和建立的人际关系、行为模式、生活方式、价值观念、道德标准、风俗习惯等。此外,社会文化还可以分为以下两个部分。

（1）全体社会成员所共同拥有的核心文化。

（2）随着时间和外界因素影响，容易改变的社会次文化或亚文化。

以上两种文化形态都是相互作用、相互渗透、相互交融的，共同推动时代列车驶向文明的彼岸。

文化环境对一个国家的体育管理有着重大影响。美国学者詹姆斯·托马就把"调整体育实践以适应新的文化背景"列为在国际上传播体育运动的三大策略之首。不同的社会和文化，代表着不同的生活模式和思维习惯，在组织管理过程中所产生的行为模式就可能不一样。对体育管理者来说，不同的文化强调的价值观念和管理理念是不同的，所推崇的管理通则、体制机制和管理方法是有区别的。因此，我们在引进和吸收西方先进体育管理经验的同时，一定要从文化的角度进行取舍，考虑东西方文化的差异。

4.人口环境

在当今世界中，人口问题越来越突出，已经成为对经济和社会发展产生严重影响的最为重要的因素之一。如何通过实行人口、自然和社会等方面因素的综合治理，逐步实现人口再生产与物质资料再生产以及与自然和社会的协调发展，已成为当前各国政府共同面对的严峻课题。

在体育产业和体育事业构成中，人口是其中最为基本的因素，人口环境对体育产业或体育事业的潜在规模有着直接的决定作用。人口规模、人口分布、人口结构、人口素质、人口增长率、家庭状况等人口的各项特征都会对体育管理产生多方面的影响。

人口数量过大，人口素质偏低，体育意识淡薄是我国体育管理人口环境的突出特点，这也给体育事业的发展和科学化管理带来巨大的压力，成为开展体育管理工作不得不优先考虑并努力解决的一个重大问题。

第二节　现代体育管理系统的内在构成

一、体育管理系统的构成因素

体育管理活动本身是一个有机系统。就这一系统来说，它是由管理主体、管理课题以及管理中介等方面共同构成的。

（一）管理主体方面的因素

所谓管理主体是指对管理权力进行行使的管理者和管理机构。

1. 管理者

管理者，这一概念比较广泛，只要是完全或主要从事体育管理工作的人员都可称为"管理者"。它包括负责对某个管理对象系统实施总体领导并担负全面责任的领导者和从事某方面具体管理事务的职能（或专业）管理人员。管理者行使管理权力，运用管理手段，施加作用于管理对象。

管理者在整个管理活动中处于主导地位，其主要职责是制定目标计划、组织实施、指导检查、监督控制，因此管理者所具有的素质的好坏以及管理水平的高低都会对管理系统功效产生关键效应。正如老百姓的口头禅所说"村看村，户看户，群众看干部"、"火车跑得快，全凭车头带"。管理者与被管理者的区分具有相对性。不同的管理层次要设置不同的管理工作班子。下一层次的管理者作为主体因素却常常要为上一层次提供信息，并承担上一层次所指定的职能管理工作，变成上一层次管理的客体因素——管理对象。

2. 管理机构

所谓管理机构是指专门从事体育管理工作的机构。

管理机构是体育管理活动得以顺利进行的重要依托和组织保证。如果只有管理对象而没有管理机构,那么既不能成为一个系统,也无法行使管理职权,更将无法管理。设置的管理机构是否科学、合理、精干、高效,将会对管理系统的功效产生非常大的影响。

(二)管理客体方面的因素

管理客体泛指非行使管理权力的管理对象,包括被管理者、财、物、时空、信息。

1.被管理者

被管理者是指管理主体所施加作用的对象,并对管理指令进行接受和执行的各类人员。他们是基层的操作者,也包括中下层的相对的管理者。在管理工作中,被管理者是最积极、最活跃的因素之一,体育管理系统目标的实现,最终取决于被管理者的积极协同与配合。

2.财

财指资金或经费。它是一个体育组织在一定时期内实际掌握和支配的物质资料的价值表现。体育管理活动的顺利开展需要有一定的财力提供保证。

体育管理活动离不开一定的财力保证。理财包括生财、聚财、分财与用财的客观运动过程。生财是根本,聚财是保证,分财是前提,用财是关键。加强对财的管理,就是要根据财力资源的客观运动过程的特点进行正确、有效和科学的管理,做到努力开辟财源,正确聚集财力,科学分配和合理使用财力,提高体育管理工作的综合效益。

3.物

物即物资。物有广义和狭义之分。

从广义层面来看,物是指包括生活资料和生产资料在内的物质资料的总称。从狭义层面来看,物则单指生产资料,它是生产力中物的要素和经费的实物形式。

体育物资由固定资产、低值易耗品及材料三者构成。固定资产一般耐用时间较长,单位价值较高,并在使用过程中基本保持原有实物状态,如体育场馆设施、器材设备、仪器工具等。低值易耗品是指单位价值较低,容易消耗,不同时具备固定资产的单位价值和耐用时间两个条件,又不属于材料范围的各种低值物品和易耗物品,如文具、纸张等办公用品。材料则往往使用以后即行消耗掉或逐渐消耗掉,不能保持原有的实物状态;它一般指价值较高或数量较多的消耗性物品和尚未领用的不属于固定资产范围的设备,如体育基建材料、能源材料等。

在整个国民经济发展和社会生产中,物是物质基础,同时也是体育管理活动的物质基础。对物加强管理,能够促使物的使用率得以提高,使其应有效用得以充分发挥。

4.时空

时空即时间与空间的合称。就管理哲学来看,时间和空间两者都是物质存在的客观形式。

时间是由过去、现在和未来共同构成的连绵不断的系统,能够将体育管理活动的效率和速度很好地反映出来。

空间是在运动中事物占有的一定的体积和位置,能够将体育管理活动的范围、领域和各种关系很好地反映出来。

任何人、财、物都存在于一定的时间、空间之中。管理人、财、物,一方面要在时间上处理好眼前与未来、暂时与长远的关系;另一方面又要在空间上处理好个体与个体、个体与整体、整体与整体之间的关系。只有处理好时间与空间的关系,才能对人、财、物等实行有效管理。

5.信息

信息是指日常管理工作中所需要的信息。信息是体育管理工作的命脉,是一种与人力、物力、财力同等重要的宝贵资源。一切管理都是通过信息来指挥人、财、物、能量和信息的流通。整个体育管理过程,从预测决策、拟定计划、组织协调到控制监督,都贯穿着信息流通。正是由于信息的不断反馈,才使整个管理运动周而复始,连续不断。没有信息流通的管理系统,就宛如没有血脉神经的僵死瓦解的人体一样。在现代社会,信息已成为体育管理工作的重要因素。

(三)管理中介方面的因素

管理中介是连接管理主体与管理客体的中间媒介,是促成管理活动进行的桥梁。它主要包括组织机构、法规和管理工具的运用等。

1.组织机构

组织机构是指体育管理系统的"结构",是把管理系统构成整体的纽带。组织机构能够将管理者和被管理者很好地组织起来,从而形成一定的体制和机构。如果缺少组织机构,也就无从进行管理。

2.法规

法规就是管理的法律手段,包括法和法律规范两个方面。

法是指国家制定或认可,能够将统治阶级的意志体现出来的,以国家强制力进行保证和实施的行为准则,如体育法等。

法律规范则主要指各种条例、守则和制度等。

对法律手段进行合理运用,能够很好地保证体育管理工作的规范化、制度化,能够使人的积极性得到充分的调动,获得良好的管理效果。

3.管理工具

管理工具包括信息网络、信息工具和电子计算机等。信息网络和信息工具是收集和传递信息的必要条件,是各管理环节和管理层次互相沟通和有机联系的手段。电子计算机具有运算快、储量大、判断准及结果精确可靠等优点,已日益广泛地应用于现代管理之中,成为体育管理中极为重要的科学量化工具。

二、体育管理对象各因素之间的联系

作为一个特定的有机系统,体育管理的对象是以下四个动态因素在具体运动过程中的统一。

(1)体育管理对象是体育管理者负责控制的一个不可分割的整体。不同的对象和不同的管理业务性质有所不同,但作为管理对象,它是一个无法分割的整体,在这一点上是相同的。

(2)体育管理的对象,作为一个整体是无法分割的,但这个整体也是由相互对立、有机结合的不同部分组成,体育管理的工作对象是整体和部分的辩证统一,是不可分割与可以分割的辩证统一。这些部分可按人、财、物、时与信息等划分,也可按不同的职能和不同的承担部门划分。如果无法看到整体中的各个部分,那么体育管理者也很难看清整体的格局和结构,认识也就会出现模糊,工作就很难分清主次。

(3)体育管理的对象,不只是看得见的、有形的整体和部分,还有看不见的、无形的各种关系,包括整体与部分的关系,部分与部分的关系,关系中的不同层次,这个整体与其他相关事物的关系等。这些看不见的直接或间接关系,内部或外部关系,主要或次要关系,固有或偶发关系,人际或人物关系等,对事物的存在与发展都起着不同作用,理应成为管理对象,有时甚至比有形的管理对象更为重要。从一定意义上讲,体育管理工作恰恰就是要处理好管理对象的种种关系的工作。

(4)体育管理的对象,既包含了有形和无形的内容,同时也包含了各个关系之间的变化以及变化的结果,尤其是表现在具体的实现条件和具体任务的不断转化上。因此,体育管理者应该如实地把管理对象看作是整体、部分、相互关系、关系变化及其结果转化的动态统一体。也就是说,体育管理对象应该是管理主体负责控制的特定的有机系统,绝不只是一个个孤立的要素。

当然,体育管理对象作为特定的有机系统有其特定的要求。

体育管理对象系统应该具备如下基本条件。

首先,有组织的结构化系统应是管理对象。对于管理主体来讲,分散的自然形态存在的社会事物,不利于施加管理并实现管理目的。在人类的社会活动中,由各种要素构成的群体,总是按一定的内在联系和结构模式,以各种不同的组织形式形成各自相对独立的有机体或系统,才能在管理的作用下协调运行,有效的达成管理目标。

其次,管理对象应从属于管理主体并能在一定条件下为管理主体所有,被其支配和调度使用。在人类社会活动中,相互之间都存在着一定的社会交往关系和归属关系,也只有在这一点上,才能产生相应的管理关系。倘若这种一定条件下的相对关系不存在,管理主体是不可能对管理对象施加作用并进行管理活动的。

最后,在管理活动的作用下,构成管理对象的各要素必须具有活化能力。能够形成产出效益,完成管理目标。否则,管理再好,针对不具备活化能力的管理对象,也是徒劳无功、回天乏力的。

三、人是体育管理系统的核心因素

体育管理的核心,既不是财、物,也不是时空、信息,而是人,即管理者和被管理者。其理论依据如下。

(一)在社会生产力众多因素中,人是最活跃、最积极的因素

对人的管理,既涉及生产关系和生产力方面,同时也关系到两者之间的适应和联结,关系到生产方式的进步与变革。事实上,无论在生产关系中,还是在生产力中,都包含着不可缺少的关于人的管理(包括人的个体和群体的管理)。比如在生产关系中要解决的占有、地位、分配等问题都离不开人的关系的处理和管理。在生产力中,参与劳动的人是起着决定作用的要素。从根本上说,劳动资料的状况水平是对劳动者知识能力的物化反映。因此,发展生产力的关键在于提高劳动者的素质水平和充分发挥劳

动者的积极性,而这一切,正是对人的管理的重要内容。

(二)人民群众是历史的创造者

从历史唯物主义角度来看,对于社会物质财富,人民群众是创造者,同时他们也是精神财富的创造者,是社会发展变革的决定力量,是历史的创造者。人民群众是社会的主体,所有的社会活动都是人所进行的活动,如果脱离了人以及人的主动积极性,那么所有的社会活动都将难以实现。毛泽东曾经说过,世界上人是第一宝贵的。一个体育管理者如果不能明确地、坚定地抓住人这个核心,忘掉或忽视人的主动积极性这个动力,只是见物不见人,见钱不见人,靠权不靠人,那势必是舍本求末,难以做好管理工作。

(三)人是体育管理中的根本因素

人,是体育管理的主体因素,也是客体因素。体育管理的目标和计划需要人进行制定,组织机构需要人组成,决策方案需要人实施,目标实现需要人进行控制。即使采用电脑等先进的现代化管理工具,最终还是要由人去操纵。所以,人与人的积极性是体育管理的核心和动力,是提高管理效能、实现管理目标的关键。

第三节　现代体育管理工作的基本矛盾

从管理哲学的角度看,可以将管理系统内部与外部结构层次划分为以下五个层面。

(1)在管理中,人是基本元素。

(2)群体是人与人之间的联系。

(3)群体的扩展是组织。

(4)组织存在于一定的具体环境之中。

(5)具体环境又是广泛的一般环境的组成部分。

管理系统内部与外部的这五个结构层次,构成管理基本矛盾诸方面的要素。在管理基本矛盾的诸方面中,以组织为矛盾的关键一方,向外构成组织与环境的矛盾,向内构成组织与人的矛盾。

一、体育管理组织与管理环境的矛盾

(一)封闭与开放的矛盾

就组织与环境的关系来说,体育管理组织是一个封闭的系统,同时也是一个开放的系统,它是封闭与开放的统一,内部封闭是促使管理功效得以提高的必要条件。如果内部不封闭,各部门各自为政,个人各行其是,做出的决策可执行也可不执行,执行情况无机构加以监督,指挥中心也无法取得准确的反馈信息,这样涣散的管理组织,是谈不到高效率与高效益的。

体育管理组织通过内部封闭追求功效的提高,这是组织适应环境的需要。换句话说,对内部的封闭正是对外开放的需要。体育管理的相关决策,它的形成与环境的信息输入是无法分开的,决策执行过程中所需的物质、人力、资金等条件也离不开环境的投入,而提高效率与效益所产生的结果,同样表现为体育管理组织对环境的作用,可见,封闭与开放是互为条件的。认为只有不封闭才能开放,不开放才能封闭,都是片面的。

(二)稳定与变革的矛盾

就体育管理组织与其外部环境的关系来说,应当将其看作是一个不断的与环境进行人流、物流、信息流"三流"交换的开放系统。为了对不断变化的环境进行适应,以变应变,体育管理组织就需要进行变革,但变革的要求,并不对组织稳定性的意义进行否定。

稳定对体育管理组织的存在与发展具有重要意义。

首先,稳定是体育管理组织目标得以实现的需要。组织长远的战略目标可能是变革性的,但长远目标要通过一个一个短期的具体目标才能实现。实现短期目标,非有相对固定的力量和条件不可。

　　其次,体育管理组织为了得到更为有效的运转,在管理方式上要制度化、程序化,按照某种格式或模式反复地进行,即需要保持相对稳定。

　　最后,稳定性是变革的要求。变革是体育管理组织对变动环境所作出的相应的反应,这一反应要适度,并且要具有相对稳定性,以不变应万变是不可行的,身不由己,飘忽不定也是不行的。

　　但是,稳定不等于停顿不动或拒绝变革保持原状,体育管理组织的稳定不是静态的稳定,而是动态的稳定。动态的稳定与变革是统一的。稳定性虽然为体育管理组织的存在与发展所必需,但稳定性中所包含的惰性也会成为体育管理组织变革的阻力,变革是组织生存和取胜的关键,但它又不能一蹴而就脱离必要的稳定。

(三)投入与产出的矛盾

　　从广义层面来看,投入与产出为体育管理组织与环境的相互作用和相互联系提供了一个转换模式,为了能够在持续运转中得以存在和发展,体育管理组织就必须要连续不断地从环境接受投入,这样才能获得活动的力量。为了使这种投入能连续循环地进行,又必须向环境输出产出。

　　对于体育管理组织来说,从环境中获得投入并不是目的,投入是为了获得加工的材料,通过将投入的材料消耗掉来创造出新的价值。新的价值一部分作为积累而实现管理组织的发展,另一部分则向环境输送产出,从环境换取新的投入,重新开始一次新的投入产出的循环。正是通过这种投入产出的不断循环,体育管理组织自身也就在对环境不断做出贡献的过程中得以存在和发展。这充分说明,没有投入就没有产出,反之没有产出也同样没有投入。

二、体育管理组织与人的矛盾

(一)组织目标与个人目标的矛盾

　　通过体育管理实践可知,作为一名管理者,其经常遇到的难题,就是通过管理实现统一的组织目标是他的任务,而每个个体是他所面对的管理对象之一,这些个体从价值观、需要和兴趣出发各有各的要求。如果他关心并尽力满足每一个人的不同要求,管理组织的统一目标势必难以实现。为了强调一致性,管理组织制定各项规章要求每一个人都要执行,却也会使个人感到限制了自己一定的自由和自主。

组织目标和个人目标两者虽然存在冲突,但也有一致的一面,这种一致首先在于,组织目标本来就是个人所要求达到而仅靠个人又无法达到的目标,个人一般是愿意为实现组织目标而努力工作的。其次,对于个人目标与组织目标不同的方面,在可能的情况下,组织是尽力给予满足的。

组织目标和个人目标之间的冲突和一致性也说明,矛盾是存在的,同时也是可以不断得到解决的。其解决的办法,就是将矛盾双方一致的方面进行扩大,对于不一致的方面,如果存在合理性则予以保留和承认,如果相抵触,那么进行适当的限制和引导。

(二)正式组织与非正式组织的矛盾

在任何一个组织系统内,正式组织与非正式组织都会存在。

正式组织是指具有正式组织结构的群体,正式组织结构无法将人的各个方面的要求全部反映出来。为了能够使正式组织无法包括的要求得以满足,便出现了群体的另一种形态——非正式组织。对于正式组织来说,非正式组织既有可能起积极作用,也有可能起消极作用。非正式组织的目标并非总是与正式组织相背离,而是也有其相一致的方面——非正式组织的活动和行为常能作为实现正式组织目标的补充手段;但如果非正式组织的目标同正式组织的目标相背离,那么它的活动就很可能具有很大的破坏性。这就要求在面对非正式组织问题时,不能一概而论,要进行具体问题具体分析,因势利导,根据不同情况进行有区别的具体处理。

(三)领导与下属的矛盾

领导与下属之间的矛盾是体育管理组织与人的基本矛盾的

具体化。作为组织的代表,领导的职能是促成组织目标得以达成,而并不是为了达成个人目标而进行工作,职权是领导的标志。职权是否有效,除取决于领导本身的地位、能力、品格和所运用的领导方法外,还取决于下属对这种领导是接受还是拒绝。只有为下属所接受,领导的职权才能生效,才能实施领导。

下属是领导的基础,同时也是领导的对象,下属之所以愿意接受领导,主要是因为领导所代表的组织及组织的目标,能够将他们的要求和利益很好地反映出来。此外,为了顺利完成组织目标所赋予的职责,领导也需要用目标来鼓励下属,用满足需要对下属的工作积极性进行调动,用奖惩手段控制下属的行为,使之能促进目标的实现。

通过对体育管理工作基本矛盾的分析,将管理实践所涉及的纷繁复杂的关系抽象为两大类共六对基本矛盾,如此一来,管理关系就简明化了,便于体育管理者在实际工作中更好地驾驭与把握。

第四节　东西方管理思想与中国传统管理思想

一、东方管理思想

通常来说,东方管理思想主要包括治国学、治生学、治身学或人为学三部分。

治国学主要是关于财政赋税管理、人口田制管理、生产与市场管理、货币管理、漕运驿递管理、国家行政管理等方面的学问。

治生学主要是关于农副业、工业、运输业、建筑工程、市场经营等方面的学问。

人为学主要是研究谋略、人为、为人、用人、选才、激励、修身、公关、博弈、奖惩、沟通等方面的学问。

就本质来说,东方管理文化可以归纳为"以人为本、以德为先、人为为人、治心为上"。在管理实践中,强调要协调心理活动,管理好自我,再管理他人。主要的管理思想包括"自导式管理思想、无为管理思想、周易管理思想、混沌管理思想、柔性管理思想、道家管理思想、7S 管理模式、C 管理模式"等。

自导式管理是以"法元论"为研究方法和手段,提倡人与环境相和谐,从盲目的被管理中解放出来,成为自觉、自为、自导地向着预定的目标前进的人。

无为管理思想融会了中国传统的无为而无不为的无为论精华,即凡事不过分追求,以天人整体观为基础,以无形组织和无形教育为保证,以人为中心进行管理。

在研究古代管理思想的过程中,人们对称为"群经之首"的易经花的功夫最多,目前已形成一门周易管理学,或称管理易学。周易管理思想的整个理论体系包括太极原理、天道原理、地道原理、人道原理、变易原理、领导原理、决策原理、革新原理、协调原理、八卦管理法则、六十四卦管理原则、周易管理之道之法等,很好的将东方辩证思维的特点予以突出。

中国传统文化本质上是混沌的、模糊的、综合的、整体的,而以混沌最能代表其特征。就本质来说,混沌管理就是一种特殊的人本管理,它是以组织稳定作为目标,以非优化、非规范化、不确定性作为特征的一种管理思想。

柔性管理思想的本质是对管理对象施加软控制,以教育、协调、激励和互补为重点。柔性管理在质的方面表现为模糊性,在量的方面表现为非线性,在方法上强调感应性,在职能上表现为塑造性,在效果上表现为滞后性。柔性管理的基本原则是内在重于外在、直接重于间接、心理重于物理、个体重于群体、肯定重于否定、身教重于言教、务实重于务虚、执教重于执纪。

道家管理思想被管理者比喻为"水式管理"。水式管理者能忍人之所不能忍的气,能受人之所不能受的苦,能做人之所不能做的事,然后能成人之所不能成的业,即道家所说的苦尽为甜,甜尽为苦。

7S 管理模式中的 7 个 S 分别代表战略(Strategy)、结构(Structure)、制度(System)、人员(Staff)、技术(Skill)、作风(Style)与共

有价值观(Shared values)。巴斯卡等人将美国的企业管理模式用 3S 管理模式(战略、结构、制度)来表示,以此同日本企业的 7S 管理模式相区分,并且所增加的 4S 称为"软性管理"。同时,他们认为日本企业之所以要比美国企业更具有优势,是因为"软性管理"比"硬性管理"更具优势。

易经哲学是 C 理论的重要基础,阴阳五行是 C 理论的主干,并将中国古代哲学的诸子百家相融合,同时综合了东西方管理文化,这便形成了 C 理论。土在五行中居于中心地位,可用英文 Centrality 表示,具有统合一切的功能,在管理中代表决策、思考、计划、统合,道家体现了土的决策功能。金具有控制性,可用 Control 表示,法家体现了金的控制功能。水具有变化性,可用 Contingency 表示,兵家体现了水的应变功能。木具有创造性,可用 Creativity 表示,墨家体现了木的创造功能。火具有协调性,可用 Coordination 来表示,儒家体现了火的协调功能。

1984 年,佩格尔斯撰写了《日本与西方管理比较》一书,在书中他提出了 11C 模式。他用 11C 模式说明日本成功企业的管理风格和企业文化,希望用 11C 模式代替 7S 模式。他希望西方管理人员在学习 7S 模式、11C 模式后,改变管理风格。之所以称为"11C 模式",主要是因为其 11 个关键词首字母都是 C。这 11 个英文单词为:文化(Culture)、沟通(Communication)、观念(Concept)、关心(Concern)、竞争(Competitiveness)、协作(Cooperation)、协商(Consensus)、联合(Coalition)、集中(Concentration)、控制(Control)、小组(Circle)。

二、西方管理思想

(一)西方早期的管理思想

西方进行工业革命之后,很多人对管理的重要性有了更清晰的认识,其中最重要的人物有亚当·斯密、罗伯特·欧文、查尔斯·巴贝奇等人。

1.亚当·斯密

亚当·斯密是西方最早对经济管理进行系统论述的学者。1776 年,他发表了《国民财富的性质和原因研究》一文,在文中提出劳动是国民财富以及人们消费的一切生活日用必需品的源泉,劳动创造的价值是工资和利润,工资越低利润则越高,反之亦然,从而揭示了资本主义经营管理的中心问题和剥削本质。亚当·斯密在分析增进"劳动生产力"的因素时,特别强调了"分工"的作用,从"减少因变换工作而损失的时间、有利于提高劳动熟练程度、使劳动简化"三个方面,分析了"分工"的益处,并成为以后企业管理理论中一条重要的原理。

在研究经济现象时,亚当·斯密提出了一个重要的论点:经济现象是基于具有利己目的的人们的活动所产生的。人们在经济行为中,追求的完全是私人的利益,但每个人的利益又为其他人的利益所限制,这就迫使每个人必须顾及其他人的利益。由此,就产生了相互的共同利益,进而产生和发展了社会利益。社会利益正是以个人利益为基础的。这种认为人都要追求自己的经济利益的"经济人"观点,正是资本主义生产关系的反映。

2.罗伯特·欧文

罗伯特·欧文是空想社会主义的代表人物之一。他最早注意到企业内人力资源的重要性,重视人的因素,提出了一系列关心职工的人事政策和处理方法,如改进工人的工作条件、提高儿童参加工作的年龄、给工人免费提供工作餐、缩短工人的工作时间等。以前工厂老板把工人看作机器,而欧文则开始把工人看作是人,在企业人道主义实践方面,欧文是开拓者。现代管理中的行为学派公认欧文为其先驱者之一。

3.查尔斯·巴贝奇

查尔斯·巴贝奇是英国剑桥大学的数学教授。在欧文从事职工福利问题研究的同时,他开始了对提高生产力问题的研究。

早在泰勒提出"科学管理"之前,他就把科学方法应用于实践。巴贝奇曾在英、法等国进行了多年的工厂调查和管理研究工作,发展了劳动分工理论,主张利润分享,强调把科学方法应用于管理,提出管理者与劳动者之间的和睦关系能使双方都得到好处等观点,他本人就曾把数学方法有效应用于设备和原料使用等问题上。1832年,巴贝奇出版了《论机器和制造业的经济》一书,对他的管理思想进行了总结。从某种意义上说,巴贝奇也是古典科学管理理论的实践者。

以上这些管理思想都是随着生产力的发展,适应资本主义的工厂制度发展的需要而产生的,并没有形成一个完整的系统,只是作为某个人或某个集团对某一活动单一的管理实践。

(二)西方现代管理思想理论

20世纪60年代之后,西方管理研究领域中出现了很多新的理论学派,学术界根据各个学派的观点,将这些理论学派划分为六大学派,具体如下。

1.社会系统学派

社会系统学派是从社会学的角度分析各类组织,创始人为美国的切斯特·巴纳德,其特点是将组织看作一种社会系统,是人的相互关系的协作体系,它是社会大系统中的一部分,受到社会环境各方面因素的影响。管理人员的作用就是要围绕物质的(材料和机器)、生物的(组织员工)和社会的(群体的相互作用、态度和信息)因素适应总的合作系统。

2.经验主义学派

经验主义学派主张通过分析经验(主要是一些案例)研究管理问题。最早提出这一见解的是美国的彼德·德鲁克等人。他们认为应该从企业管理的实际出发,以大企业的管理经验为主要研究对象,通过研究各种各样的成功和失败的管理案例,就可了解怎样管理。

虽然经验主义学派的理论体系尚不完整,内容也较为庞杂,但一些研究反映了当代社会化大生产的客观要求,是值得关注的。

3.决策理论学派

决策理论学派是在社会系统学派的基础上发展起来的,主要代表人物是曾获诺贝尔经济学奖的赫伯特·西蒙。他们把第二次世界大战以后发展起来的系统理论、运筹学、计算机科学等综合运用于管理决策问题,形成了一门有关决策过程、准则、类型及方法的较完整的理论体系。

4.数学(管理科学)学派

数学学派全称为数学管理科学学派。该学派是在第二次世界大战之后,与行为科学平行发展起来的。它是一种以现代自然科学和技术科学的最新成果为手段,运用数学模式对管理领域中的人、财、物力进行系统、定量的分析并做出最优规划和决策的理论。主要内容包括运筹学,它是以物理学家布莱克特为首的一部分英国科学家为解决雷达的合理布置问题而发展起来的,由美国兰德公司于1949年首先提出的系统分析的方法以及决策科学化理论。

5.系统管理学派

系统管理学派是以弗里蒙特·卡斯特为代表的美国管理学家在一般系统论的基础上建立并发展起来的。它是应用系统理论的范畴、原理,全面分析和研究企业和其他组织的管理活动和管理过程,侧重分析和考察企业的组织结构模式;强调体现系统哲学思想、系统分析思想和系统管理思想,用系统观分析管理问题,追求系统的整体优化等。

6.权变管理学派

美国尼布拉加斯大学教授弗雷德·卢桑斯于1976年出版的《管理导论:一种权变学》一书中系统地概括了权变管理理论。其核心就是力图研究组织的各子系统内部和各子系统之间的相互联系,以及组织和它所处的环境之间的联系,并确定各种变数的关系类型和结构类型。它强调在管理中要根据组织所处的内、外部条件随机应变,针对不同的具体条件寻求不同的、最合适的管理模式、管理方案或方法。

三、中国传统管理思想

(一)政治管理思想

中国古代政治管理思想主要有两个特点。

一是宗法思想渗透一切,等级观念浓厚。

二是实行"仁""德"之治。

中国古代政治管理思想广泛渗透到古代政治管理的方方面面,主要思想理论有以下几种。

1.用人思想

(1)识别人才。

(2)用人所长避其所短。

(3)用人不疑。

(4)考核用人。

2.奖惩思想

(1)量功分禄。

(2)奖惩的重要性。

(3)奖惩的原则。

3.组织管理思想

《韩非子·扬权》指出:"事在四方,要在中央,圣人执要,四方来效。"即中央政府制定政策,地方政府执行。

管子:"威不两措,政不二门。"这句话强调了统一指挥、不能政出二门的原则。

"事无巨细,毕陈于前。若网在纲,振之则举,弛则尽废。"苏辙这句话指出,决策者应抓主要矛盾、抓住关键,才能做出正确决策。他还指出:"祥其小,必废其大。"意思是,决策者若只专注于小事,专注于细枝末节,必然在重大决策上产生失误。

孔子说:"宽以济猛,猛以济宽,政是以和。"即提倡将宽与猛两手互为补充,使宽猛有度,政治和谐,管理有序。

(二)军事管理思想

中国古代军事管理思想中最有代表性的,应首推战国时代的军事著作《孙子兵法》。《孙子兵法》对战争规律和军事管理作了哲学概括,不仅对军事管理具有经典性的指导意义,而且对其他领域的管理实践及决策,也具有重要的借鉴意义。《孙子兵法》中的很多思想不仅在军事领域中得到了验证,同时也在其他领域中得到了相应的应用。如"知彼知己,百战不殆""得道多助,失道寡助""不战而胜,是为上策"等战略思想和"千军易找,一将难求"等人事哲学,以及三十六计的具体谋略,都从整体上体现了系统管理的思想,至今仍被国内外很多学者奉为经典。

此外,中国传统管理思想还包括经济管理思想、工程管理思想,等等。总之,中国古代儒家、道家、法家、兵家等在管理理念、管理方法上都有大量的论述。这些管理思想具有较强的生命力,至今仍具有现实指导意义。

第五节 现代体育管理思想的发展与体育管理学科的建设

一、国外体育管理思想的发展及体育管理学科建设

二战之后,世界经济逐渐得到复苏,并获得了快速发展,体育运动也得以飞速发展。在体育运动发展方面,要求要通过科学的

管理替代以往经验、传统的管理。同时,在企业管理实践中,企业管理的相关理论获得了非常大的成效,同时也为体育管理人员和体育理论工作者提供了很多借鉴,并开始尝试将科学管理的理论引入体育管理实践中来,从而推动了体育管理学的产生和发展,并最终形成了管理科学的分支学科——体育管理学。

　　对于体育管理学的形成和发展,大致可以划分为以下四个阶段(表2-1)。

表 2-1　体育管理学的形成与发展阶段

时间	形成与发展阶段	主要特征
20 世纪 30—50 年代初	萌芽阶段	研究处于自发阶段,研究成果零散,没有形成统一体系,为管理思想孕育与起源时期
20 世纪 50 年代中期至 60 年代中期	创立阶段	理论逐步系统化,形成体系,体育管理的专著、论著相继问世
20 世纪 60 年代后期至 70 年代后期	发展阶段	这个时期重在理论建设,体育管理学科的理论体系逐步完善
20 世纪 80 年代至今	成熟阶段	由重理论研究到重实践研究,由重学校体育行政管理、校际体育运动管理到重职业体育管理、体育经营管理、健身娱乐管理等

　　美国是最早提出体育管理学的国家。在 20 世纪 30 年代,很多学者相继撰写了有关体育管理的相关研究论文。五六十年代,体育行政管理、学校体育管理、竞技体育管理、娱乐体育管理等专著相继出版。1955 年查尔斯·布切尔编著的《体育与竞赛运动计划的行政管理》、1979 年雷斯尼克编著的《现代体育运动管理与实践》等书已被美国许多大学选为教材。1966 年,美国俄亥俄州大学开始把体育管理学作为体育管理研究生的专业课程。目前,美国开设体育管理学课程的大学就达到百余所,有 90 余所大学培养体育管理本科生,数十所大学可授予体育管理硕士学位,多所大学可授予体育管理学博士学位。

继美国之后,在 20 世纪 40 年代,苏联和日本也逐渐开始开展有关体育管理学科领域的相关研究。1949 年,日本竹之下藏撰写的《学校体育管理法》,是日本最早的体育管理专著。1953 年,宫细虎彦撰写了《体育管理》一书。此后,宇士正彦、石三次郎、宫细虎彦、滨口阳吉等相继出版了很多体育管理方面的教材与专著。1961 年苏联正式出版了第一本《苏联体育组织学》,1965 年经过修改后作为全苏的正式教科书,1974 年更名为《体育运动管理学》。

除了上述所提到的教材和专著之外,美、俄、日、法、英等国在体育经营管理,体育市场开发与研究,职业俱乐部管理体制与运行机制,休闲体育与大众体育的组织与管理等方面也加大了研究力度,系列研究成果及在研究基础上编撰的各类专著、教材也相继问世。目前,体育管理学在国际上已经成为现代管理科学和体育科学发展中比较活跃的新领域。

二、体育管理学在中国的引入与确立

我国金兆均在 1935 年编著了《体育行政》一书,这本书可以说是我国最早的关于体育管理方面的专著。1955 年东北师大的鞠兴绥、中南体院的李雨三编写了《体育行政》讲义,天津体育学院的马瑜、张旭、梁汝城也编写过类似的讲义。然而,直到 20 世纪 70 年代末、80 年代初,我国才真正着手研究和建立体育管理学。

20 世纪 70 年代末,我国部分院校的体育理论工作者开始研究体育管理学的理论问题,探索建设有中国特色的体育管理学。1981 年,武汉体育学院编印了体育管理学讲义并开设课程。1982 年,国家体委科教司在成都召开全国体育院校工作会议,决定把"体育管理学"作为重点建设的新兴学科之一。这一重大举措对于体育管理学在中国的迅速发展和建设起到了极为重要的作用。1984 年,武汉体育学院联合部分体育院校教师,编写出我国第一本体育管理学教材,并连续举办了两期全国体育管理学讲习班,为我国培育了百余名体育管理学的教师和骨干,这标志着体育管理学在中国的初步建立。1985年,武汉体育学院和北京体育师范学院同时增设体育管理专业,天津体育学院、曲阜师范大学也随后相继增设体育管理专业。1989年武汉体育学院正式招收体育管理学专业硕士研究生,并于次年获硕士学位授予权,1994年北京体育大学、曲阜师大也同时获体育管理学专业硕士学位授予权。

国家体委正式在"七五"期间,将体育管理学列为全国体育院校教材委员会规划教材,并成立了体育管理学教材小组,先后出版了《体育管理学》《体育管理学教程》。就目前来看,全国体育院校和大多数普通院校都开设了体育管理学课程,各院校共编写出版了20余种体育管理学教材。

体育管理学科的学术组织及学术活动在中国发展较快。这些学术组织经常开展体育管理学科与科学决策的学术交流、理论讲座、应用咨询等活动,出现了一批较高水平的研究成果。这些学术活动既促进了体育管理工作的开展,又推动了这门学科的发展,使我国体育管理学的研究由20世纪80年代初期以引进、介绍、移植为主,发展到90年代以注重实际应用为主,初步形成了有中国特色的研究方向,取得了一批重大科研成果,中国的体育管理及理论研究进入了一个新的发展阶段。

三、我国体育管理学发展趋势

在社会主义市场经济体制下,体育与国际的交往日益频繁,体育决策的民主化、科学化程度不断提高,这必然给体育管理学的发展提出了新的要求。

就目前来说,在体育管理体制和运行机制方面加强研究是非常迫切的,这样能够很好的促使我国体育管理者的整体水平得以提高,对体育管理的宏观调控机制进行建立健全,并对相关的监督机制和反馈机制进行建立健全。同时,体育管理学的发展也产生了根本性的变化,具体如下。

(1)从对理论研究的重视转为对实践研究的重视,以达到理论与实践相结合。

（2）从对行政组织研究的重视转为对非行政组织研究的重视，如职业俱乐部、体育社团、体育协会等组织的研究。

（3）从对竞技体育管理研究的重视转为对社会体育管理、学校体育管理研究的重视。

（4）从对硬件研究的重视转为对软环境研究的重视。

（5）从对非营利性组织研究的重视转为对营利性组织研究的重视。

（6）以体育经营管理为突破口，逐步将体育管理纳入整个社会管理的大环境中。

（7）从管理方法上，从对定性研究的重视转变为对定性与定量相结合研究的重视，将系统科学理论方法积极引入，开展科学决策。

近年来，社会主义市场经济体制得到了不断完善，体育事业得到了非常快速的发展，体育管理实践领域也得以不断扩大，社会对体育管理人才的需求也更加迫切，这些都说明体育管理学具有非常强的生命力，它是一个具有广阔发展前景的学科。同时，伴随着体育改革的逐步深化，体育管理学科的发展也更具有深度和广度，学校体育管理、社会体育管理、竞技体育管理、职业体育管理、体育经营管理、国际体育管理、终身体育管理等分支学科将会相继出现，并将成为今后重点研究的领域，促使这一学科体系得以逐步成熟和完善。

第三章　体育组织及其发展

体育组织是体育管理活动的载体,对体育组织的基本规律进行掌握是促进体育管理活动顺利实施的基本前提。现代体育组织的研究主要涉及体育组织结构与设计、体育组织变革及发展等几个方面。本章主要就体育组织的基本理论(概念、类型、要素)、体育组织的基本结构以及体育组织的演变与发展进行分析与研究。

第一节　体育组织概述

一、体育组织的概念

体育组织指的是为实现一定体育目标,而按照一定规则形成的社会群体。体育组织作为动词使用,指的是为实现既定目标而开展体育活动的过程。[①]

二、体育组织的基本类型

(一)依据企事业、国家机关、党派及人民团体机构编制分类

各国体育组织体系结构的形式具有一些共同特点,各国体育组织体系中基本包括以下几种类型的组织。

1. 体育行政组织

体育行政组织指的是各级政府的体育行政机构,包括专门体

---

① 肖林鹏.现代体育管理[M]. 3 版.北京:北京体育大学出版社,2015.

育行政机构和非专门体育行政机构。这类体育组织属于政府行政管理部门,负责体育事业的发展,主要就是在各级政府部门的领导下,领导、协调、监督本行政区域的体育工作。世界上大多数国家政府都设有体育行政组织专门负责体育事务。

我国体育与政府之间有非常密切的联系,政府对体育的管理和介入主要表现在以下几方面。

(1)促进民族体质的增强,对社会健康加以维护。

(2)促进国家和群众组织、社会团体的威信和知名度的提升,促进公民对政治领袖的支持率的提高。

(3)加强主要政治观念与价值观念一致性,推动社会团结。

(4)制定产业政策,促进体育产业发展,繁荣体育市场。

(5)保护公共体育秩序。

2.体育企业组织

体育企业组织指的是由体育系统和社会团体、企业、个人兴办的通过提供体育服务来实现营利目的的体育经营组织。[①] 商业性体育俱乐部、职业体育俱乐部、体育中介服务机构、体育出版机构等都是常见的体育企业组织。

3.体育事业组织

体育事业组织指的是国家为了社会体育公益目的,由国家有关机构举办或者其他组织利用国有资产举办的,从事体育活动的社会服务组织。[②] 体育事业组织的主要任务是对优秀运动员和体育人才进行培养,并将场地、技术等服务提供到体育训练、体育竞赛和大众体育活动中。

4.体育社会团体

社会团体指的是中国公民自愿组成,为实现会员共同意愿,

---

① 肖林鹏.现代体育管理[M].2版.北京:北京体育大学出版社,2009.
② 同上.

按照其章程开展活动的非营利性社会组织。[①] 体育社团是社会团体的一部分,其主要以体育运动为目的活动内容,具有互益性、民间性及非营利性。

在体育运动的发展中,最基本和最具实质性的社会机构就是体育社团。体育社团作为一类社会团体,数量较多,不仅负责开展体育工作,组织体育活动,从而促进人们体育参与的需求得到满足,而且其还有利于促进个体自我价值的实现,有利于对全社会团队精神、集体主义精神进行培养,促进社会工作的规范化开展。在体育管理体制集权型的国家,体育社团自上而下分级建立;在体育管理体制分散型的国家,体育社团自下而上聚合而成。我国体育社团正不断走向实体化,这将有利于推动体育的社会化发展。

体育企业组织、体育事业组织以及体育社会团体主要包括的内容见表 3-1。

表 3-1　体育企业组织、体育事业组织、体育社会团体的内容

体育组织类型	具体内容
体育企业组织	商业性体育俱乐部
	职业体育俱乐部
	体育中介服务机构
	体育出版机构等
体育事业组织	各运动项目管理中心
	国家、省市运动队
	训练基地
	体育院校
	体育运动学校
	业余体校
	体育中学
	体育科研单位

---

① 肖林鹏.现代体育管理[M].2 版.北京:北京体育大学出版社,2009.

体育组织类型	具体内容
体育事业组织	公共体育场馆
	社会体育指导中心
	行业体协
	体育新闻出版单位
	体育部门开设的医院、门诊部
	体育博物馆等
体育社会团体	单项运动协会
	综合性体育组织
	公益性体育俱乐部
	基层体育协会
	各种专业性体育协会等

目前,世界上市场经济发展水平较高的国家基本上形成了以体育俱乐部为基础,以单项协会和各类体协为支柱,以体育联合会或奥委会为最高管理机构的体育组织结构,并已经成为市场经济国家体育组织结构的共同模式。体育运动的竞争性、社会性、国际性、产业性、公益性等特征能够在这一套体育组织体系的运作中体现出来。

(二)依据体育组织的主要职能分类

1.行政型体育组织

体育行政部门就是行政型体育组织,这类组织的职责主要表现在以下几方面。

(1)制定推动体育工作发展的政策法规和发展规划,并对这些法规政策及规划的实施进行监督。

（2）通过将财政预算中体育经费的分配和使用介入体育活动，促进政府体育目标的实现。

（3）对各种体育活动进行指导。

2. 休闲型体育组织

组织休闲体育活动，使人们在参与活动的过程中愉悦身心的体育组织就是休闲型体育组织。随着人们生活水平的提高和工作节奏的加快，利用闲暇时间参加体育活动的人越来越多，旨在达到增强体质，愉悦身心，放松休闲的目的。体育健身在增进健康、消除疲劳方面发挥着重要的作用，这在客观上促进了休闲型体育组织的发展。

3. 竞技型体育组织

提高竞技运动水平和竞技比赛成绩，培养高水平运动员等是竞技型体育组织的主要目标。国家队、各省市体工队、竞技体校以及职业体育俱乐部等都是我国常见的竞技型体育组织。

4. 媒介型体育组织

把体育运动与体育受众或商业联系在一起的组织就是媒介型体育组织，各种体育媒体组织和体育经纪公司等都属于媒介型体育组织。

5. 学术型体育组织

从事体育科研活动的各种组织就是所谓的学术型体育组织，国家及省市体育科学研究所、大学体育研究中心与实验室等都属于这种组织类型。在竞技体育、大众体育以及体育产业的发展过程中，这类组织主要负责从理论、方法与技术上提供支持，世界各国基本都有专门的体育研究机构，该机构的目的是促进本国体育运动水平的提高。

6.商品型体育组织

生产、销售体育商品并提供体育服务的组织就是所谓的商品型体育组织。安踏、李宁、特步等国内知名企业以及耐克、阿迪达斯、彪马等国际知名企业都是典型的商品型体育组织。

(三)依据体育组织目标与受益者的关系分类

1.体育营利组织

以提供体育服务为主要内容,以营利为目的的自主经营的体育实体就是体育营利组织,简单来说,体育营利组织就是指从事体育经营活动的企业。

体育营利组织的运行要以遵循市场规律为基础,市场机制支配这类组织的运行。目前,我国的体育经营实体主要有外资、中外合资、乡镇企业、集体经营和私人经营等几种类型,体育娱乐城、保龄球馆、高尔夫俱乐部、健身健美中心、商业性网球场等体育经营实体主要经营的体育服务项目普遍具有娱乐性强、社会需求大、消费层次高、易盈利等特征。这些体育经营实体运行的目的就是获取经济效益,具有自负盈亏、自主经营、自我约束、自我发展的特点。

随着市场经济的不断发展与完善,体育营利组织的发展速度越来越快,发展水平越来越高,将成为我国非常重要且不可或缺的体育组织形式。

2.体育非营利组织

不以营利为目的、以开展各种志愿性的公益或互益活动为主的非政府社会组织就是所谓的体育非营利组织。体育基金会、体育事业单位、体育民办非企业单位、体育社团、未登记或转登记的体育组织等都是常见的体育非营利组织。这些组织的特征及功能见表3-2。

表 3-2 常见体育非营利组织的特点及功能

组织	特点	功能
体育基金会	非营利性	在体育发展中发挥一定功能
体育事业单位	组织性 独立性 自治性	管理功能和服务功能
体育民办非企业单位	组织性 独立性 自治性 志愿性 非营利性	提供直接的体育服务
体育社团	组织性 独立性 自治性 志愿性 非营利性	主要是提供服务,兼具管理职能
未登记或转登记的体育组织	独立性 自治性 志愿性	提供质量相对较低的体育服务

体育非营利组织的经费来源主要有政府财政体育拨款、社会捐赠与资助、体育经营收入、体育彩票收入、会费收入等。政府财政拨款对于体育非营利组织的发展而言至关重要,一般要根据国家经济、社会发展状况,国家体育发展计划,各体育组织承担的任务,体育社会化、产业化程度对政府投入比例和其他渠道投入比例加以确定。

政府组织和营利性企业组织之间的领域都包含在非营利组织中,随着社会的进步与日益发展,这一领域将进一步扩大(图3-1)。

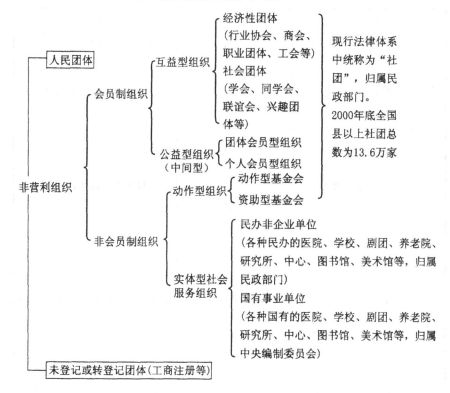

图 3-1

(四)依据体育组织的规范化程度分类

1.正式体育组织

具有一定结构、一定目标和特定功能的行为系统就是正式组织。[①] 正式组织是由诸多要素按一定规范组合而成的,这类组织的目标、结构、职能、成员权责关系以及成员活动规范都是非常明确的。一般来说,正式体育组织指的是具有"正式身份"的体育组织。我国正式体育组织主要有体育行政单位、企事业单位、登记注册的各类体育社会组织等。

---

① 肖林鹏.现代体育管理[M].3 版.北京:北京体育大学出版社,2015.

2.非正式体育组织

非正式组织也称"非正式群体",指的是人们在共同工作过程中自然形成的以情绪(感情、喜好等)为基础的松散的、没有正式规定的群体。

人们在正式组织安排的共同工作中,必然要相互接触,在这一过程中,感情、性格、爱好相投的人会自然聚集,从而形成若干人群,正式组织的行政部门和管理层次等不会限制这些群体,这些群体中也没有明确规定的正式结构,但在其内部会形成一些特定的关系结构,自然涌现出"带头人",形成一些不成文的行为准则和规范。[①]

任何一个正式体育组织内部都有可能存在各类非正式体育组织,在体育管理中,要正视非正式体育组织的存在,并科学合理的进行引导。

三、体育组织的要素

组织要素是构成组织的基本成分,在一个正式体育组织内,体育组织要素一般包括组织目标、组织规范、组织成员、组织机构和组织文化。

(一)组织机构

组织机构是组织内部各职能部门及其职位,以及管理层之间正式确定的、相对较为稳定的相互关系模式,它是贯彻组织宗旨、实施组织使命及职责、实现组织目标的重要保证。[②]

一个组织中权力的层级、权责关系能够从该组织的结构中反映出来。例如,在 NBA 组织结构中,董事会是最高权力机构,由各职业队的业主或业主代表组成,作为联盟的所有者,董事会主要负责为重大问题做出决策,具体职责如下。

---

① 肖林鹏.现代体育管理[M]. 3 版.北京:北京体育大学出版社,2015.
② 同上.

（1）任免总裁,评估总裁工作。

（2）对财政预算进行监督和审议。

（3）制定联盟的战略规划。

（4）对联盟的中心问题进行确定。

（5）代表联盟对重要问题和事件进行处理。

（6）受理和审议诉讼。

（7）召开代表大会。

（8）授权立法表决和投票。

（9）对职业队的数量及其分布进行确定。

（10）对运动员的分配和流动做决定。

（11）和运动员工会进行劳资谈判。

（12）对比赛规则予以确定,对比赛日程作安排。

（13）处理与有关商业活动的事务,对经营活动全面负责。

（14）与全国性的电视媒体谈判,将电视转播权出售,分享收益。

（二）组织目标

维持体育组织存续的目的主要是实现体育组织目标,组织中一切活动的开展都要以组织目标为出发点,一切活动的终点也是实现组织目标。体育组织目标可以分为总体目标、阶段目标等,各部门也有自己的目标。体育组织的宗旨和使命在体育组织总目标中能够反映出来。

制定体育组织目标时,要尽可能兼顾社会、组织和成员的利益,这样才能使组织的各项职能得到充分发挥,才可以高效实现组织目标。

（三）组织成员

组织成员是体育组织存在和运营的基本条件,组织目标的实现需要组织所有成员共同努力。因此,确定组织目标后,就必须将所有组织成员的主动性与积极性调动起来,通过有效的管理发挥每个组织成员的作用。

体育组织成员应具备相应的专业要求,例如,国际体育组织的最高管理者必须能够对国际运动竞赛发展趋势及时把握,对运动技术发展方向进行深入洞察、能够与管理层中各职能部门相互协调,能够与各成员国组织之间搞好关系,并拥有系统的知识储备等。根据体育组织的不同性质,组织成员应具备的专业要求各有不同,一般涉及地理、经济、竞技实力和文化等几个方面。

需要注意的是,组织成员并非固定不变,超越某一特定成员的组织也是可以继续生存的。

(四)组织规范

在整个体育组织活动过程中,所有成员必须遵守的"组织纪律"就是所谓的组织规范,组织章程、规章制度、管理办法等都属于组织规范的范畴。只有以组织规范作保证,才能保障体育组织工作的有效性,下面主要分析组织规范中的组织章程与规章制度。

1.组织章程

组织章程是组织成员必须承认和遵守的规约,包括组织的性质、组织的纲领、组织的任务、组织的原则、组织机构和成员的权利义务等。体育组织必须具有明确的组织章程才能注册登记。

2.规章制度

规章制度是管理主体为了对正常的工作、劳动、学习、生活秩序进行维护,保证能够顺利执行国家各项政策和正常开展各项工作,以法律、法令、政策为依据而制定的具有法规性、指导性与约束性的应用文,规章制度是各种行政法规、制度、公约的总称。国家机关、社会团体、各行业、各系统、各单位、各部门都要建立适合本组织的规章制度,以便依据明确的规章制度采取行动。

（五）组织文化

随着组织的形成与出现，组织文化自然就产生了。组织成员共有的价值体系及控制组织内部行为、员工工作态度的价值观以及规范就是组织文化。[①] 组织文化一般由显性部分和隐性部分构成（表 3-3）。

表 3-3　组织文化的构成

构成部分	具体内容
显性部分	规章制度
	工作环境
	组织标志
	经营管理行为等
隐性部分	组织哲学
	组织精神
	价值观
	道德规范等

可以说，是组织成员的思想观念、思维方式、行为方式以及组织规范、组织生存氛围共同构成了组织文化，组织文化是一种客观存在的现象，而且又反映了客观存在的事实。

第二节　体育组织的基本结构

体育组织的正常运转离不开组织结构这一关键性的载体。通过组织结构，管理者可以决定如何促进组织目标的实现。

---

① 肖林鹏.现代体育管理[M].3版.北京:北京体育大学出版社,2015.

一、体育组织结构的类型

组织结构是组织的骨骼和框架,是组织发挥自身功能的基础。组织结构包括不同部门、不同职位等基本元素,这些元素可以通过不同的形式组合起来,从而使得不同类型的组织结构得以形成。通过组织结构图可以直观反映组织结构,组织中的职位、职位组合形式及各自之间的报告关系都能够从组织结构图中显示出来。

体育组织结构的类型主要有以下几种。

(一)直线式组织结构

1.特点

直线式这种组织形式最早出现,也最简单。特点是组织内上下级管理层在管理中是按垂直系统进行的,有非常清晰的层次,每个下级都有自己直接的上层领导,上下层之间具有简单而直接的关系,它们直线式传递信息和指令。下级成员只接受自己直接的上层领导的指令,并对直接的上层管理者负责。

2.优缺点

(1)优点
机构简化,权力集中,统一指挥,能够迅速做出决策。
(2)缺点
缺乏合作精神,适用范围有限,且主管人员承担过重的负担,在复杂问题和复杂系统的管理中无法采用这一结构类型。

3.应用

一般来说,小型体育企事业单位比较适合采用这种组织结构类型,如图 3-2 所示的是某高校体育教学部的直线式体育组织结构。

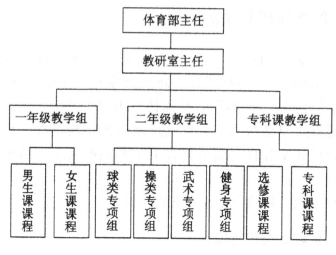

图 3-2

(二)职能式组织结构

在直线式组织结构的基础上逐渐形成了职能式组织结构类型,这一组织形式主要是在领导者和执行者中间设立职能部门。

1. 特点

职能式组织结构的特点是在组织内集中相关职能,对一个职能部门进行组建,若干个职能部门分工执行管理工作,职能部门进行专门化管理。这类组织结构中,有比较多的指令和信息传递通道,组织内部各职能部门将相关指令传递给下级,下级行使自身职能,并将本部门信息汇报给不同职能部门。

2. 优缺点

(1)优点

有利于进行专业管理,促进工作计划性和预见性的提高,促进横向联系的加强,能够运用于复杂情况的管理。

(2)缺点

多头领导,命令不统一,工作混乱。

3.应用

管理工作面广、复杂且分工比较细致的单位适合采用这一组织机构类型,如图 3-3 所示的是某基层体校的职能式体育组织结构。

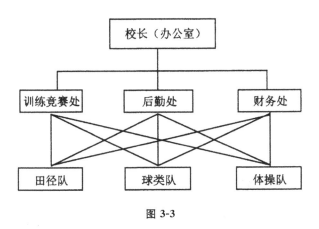

图 3-3

(三)直线职能式组织结构

直线式结构和职能式结构相结合就构成了直线职能式组织形式。

1.特点

这类结构形式将组织中的机构和人员分为直线指挥系统和职能系统。职能系统的管理人员只能指导下级部门的业务,而不能直接指挥下级部门。

2.优缺点

(1)优点

命令统一,指挥权集中,便于人、财、物等资源的调动,有利于形成稳定的管理秩序和做出科学决策。

(2)缺点

上层集中掌握了大部分权力,下级自主权缺乏,无法随机应变,部门之间缺少沟通,不利于整体力量的发挥,图 3-4 所示的青少年体育俱乐部的直线职能式组织结构就存在这些问题。

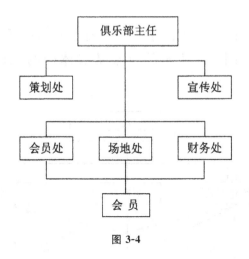

图 3-4

（四）事业部式组织结构

"分权组织""部门化结构"是事业部式组织结构的别称。

1. 特点

事业部式组织结构将管理工作划分到若干事业部中,作为相对独立的单位,事业部实行独立核算。事业部的自主性和独立性比较突出,有自己的职能部门。事业部式组织结构体现了体育组织结构由集权制向分权制转化的趋势。

2. 优缺点

（1）优点

高层领导可以集中精力作重要的战略决策和长远的发展规划,促进了组织管理的灵活性、适应性的提高。

（2）缺点

职能机构重叠,浪费了管理资源,尤其是人力资源;易产生本位主义;事业部门之间的协调存在一定的难度。

3. 应用

规模较大、管理内容宽泛的组织适合采用这一结构进行管理,如图 3-5 所示的是某体育用品公司的事业部式组织结构。

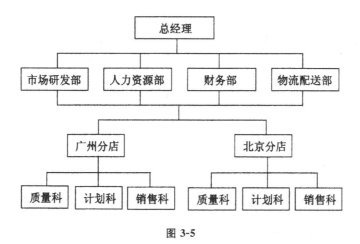

图 3-5

(五)矩阵式组织结构

矩阵式组织结构是一种既有横向水平机构,又有纵向垂直机构的新型结构形式。

1.特点

组织成员同时接受横向机构与纵向机构的领导。在这种结构形式中,工作人员不固定,根据任务进度和工作需要来安排工作人员,随时有可能从各职能部门抽人,被抽到的人员完成特定工作后还要回到原来的部门。

2.优缺点

(1)优点

有利于将各方面人员的潜力和优势充分发挥出来,各部门之间的横向联系得到了加强,组织的机动性和适应性不断提高。

(2)缺点

在同时接受双重领导时,如果没有协调好,容易产生不同的意见,造成"条块"分割。

3. 应用

在管理工作复杂或创造性工作较多的单位适合采用这一组织结构形式,如图 3-6 所示的是某体育院校的矩阵式组织结构。

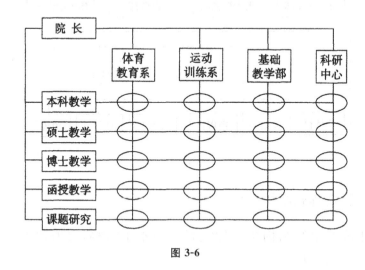

图 3-6

二、国际体育组织的结构

国际体育组织结构多以职能式结构、事业部式结构为主,相对比较复杂。

(一)国际综合性体育组织的结构

国际奥委会是非常典型的综合性国际体育组织,下面就以此为例分析其组织结构。

国际奥委会的组织结构由代表大会、执行委员会、秘书处和专门委员会组成(图 3-7)。

1. 代表大会

国际奥委会的最高权力机构是代表大会,国际奥委会的最终决定就是代表大会上所做的决定。

2.执行委员会

执行委员会是代表大会闭会期间国际奥委会权力的代理机构,该机构主管的工作涉及财政、人事和全会议程等方面,组成人员包括主席 1 名,副主席 4 名以及执行委员 6 名。国际奥委会的全部活动都由主席主持,委员会和工作组的建立也由主席负责。

3.秘书处

国际奥委会秘书处主要是对国际奥委会的日常工作进行处理。

4.专门委员会

国际奥委会专门委员会包括国际奥林匹克学院委员会、资格委员会、运动员委员会等。

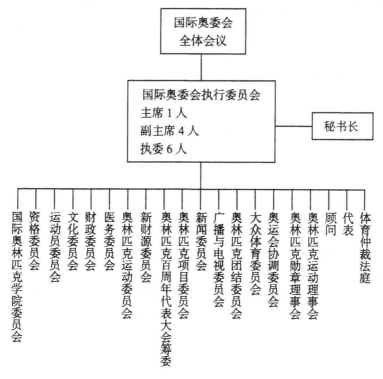

图 3-7

（二）国际单项体育组织的结构

国际单项体育联合会的组织一般由以下几个部分组成。

1. 全体代表大会

国际单项体育联合会的最高权力机构就是全体代表大会。

2. 执行委员会

对财政、人事、会员资格进行管理,解释宪章,协调关系等是国际单项体育联合会中执行委员会的主要职责。执行委员会的执行主席被称为执行秘书。

3. 相关职能委员会

除执行委员会外,国际单项体育联合会还会设置一些相关职能委员会,如技术委员会、医学委员会、裁判委员会、教练员委员会、财政委员会、青年委员会、老运动员委员会、市场营销委员会和法律委员会。图 3-8 所示的是国际棒球联盟的组织机构示意图,它的专职委员会共有五个,各有分工,对特定工作进行处理。

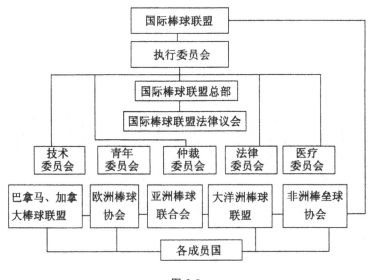

图 3-8

(三)国际职业体育俱乐部的结构

职业体育俱乐部的组织结构以职能式结构为主。例如,在NBA组织结构中,董事会是最高权力机构,由各职业队的业主或业主代表组成,作为联盟的所有者,董事会主要负责为重大问题做决策,职业联盟总裁的选择也由董事会负责(图 3-9)。

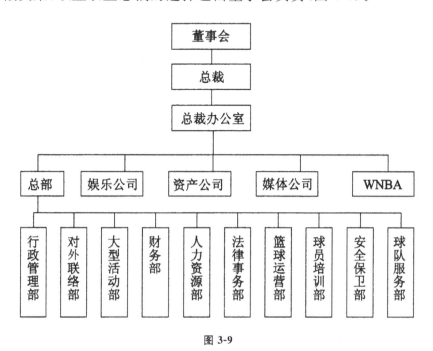

图 3-9

英国公司制的职业俱乐部一般都有董事会,俱乐部经理和主教练的聘请主要由董事会负责。俱乐部的财务、商务、票务、会员、场地、安全、培训等部门的工作主要由经理负责管理。

例如,图 3-10 所示的是英格兰足协超级联盟的组织结构,代表大会是该组织的最高机构,由 20 个俱乐部的代表组成。秘书长(或首席执行官)负责常设机构的领导工作,工作人员有 10 名。经营管理超级联赛是该联盟的主要职能。

又如,图 3-11 所示的是德国规模较大且开展项目非常多的勒沃库森拜尔 04 俱乐部的组织结构。该俱乐部的运动员曾在奥运会中获得过多枚金牌,取得了非常优秀的成绩。俱乐部中的篮球队和足球队在欧洲和德国比赛中不断创造佳绩,会员人数也在不断增加。

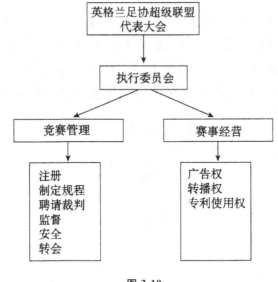

图 3-10

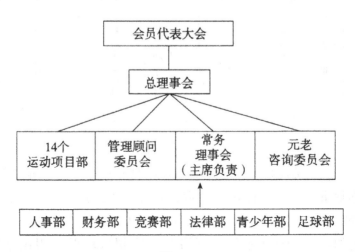

图 3-11

三、我国体育管理的组织系统

（一）政府体育管理组织系统

政府体育管理组织系统包括以下两个子系统。

1. 政府专门体育管理系统

政府专门体育管理系统由国务院体育行政部门、县级以上人民政府体育行政部门或由该级人民政府授权的管理该区域内的体育工作的机构组成。[①]

（1）国务院体育行政部门

国务院体育行政部门的职责是立足全国或本地区实际，对体育工作的发展方向进行把握，对各利益主体的关系进行协调，对体育发展的重大问题做出决定，对发展战略进行部署，宏观上对体育管理系统进行领导、调控和监督。

（2）县级以上地方政府体育行政部门

县级以上地方政府体育行政部门的主要职责是对国家体育方针、政策和法规严格贯彻与执行，在职权范围内，对本地区体育工作进行管理。

各级体育局系统是组成政府专门体育管理系统的主要单位。在政府专门体育管理系统中，国家体育总局是最高权力机关，主要职责如下。

第一，主要对全国体育工作进行管理，对体育工作总方针、总政策进行研究和拟定。

第二，对全国体育事业发展的长远规划进行制定。

第三，对地方各级体育局系统的工作进行指导和监督。

第四，对直属机关的事业单位进行管理。

总的来说，在我国体育事业发展中，国家体育总局主要发挥指导、协调、督促等宏观职能，政府对体育法规和政策进行制定，都要以国家体育总局提出的方针为依据。

政府专门体育管理系统的基层机构是各市（县）体育局或市（县）主管体育工作的机构，这些基层机构主要负责实施具体的体育工作。政府专门体育管理系统具有"条块特征"，即上级体育局指导下级体育局业务。任何一级人民政府都可以在财务、人事上

① 肖林鹏.现代体育管理[M].3 版.北京:北京体育大学出版社,2015.

对该级体育局系统进行行政管理。

2.政府非专门体育管理系统

政府非专门体育管理系统由国务院所属各部委下设的体育管理部门组成。按照政府对体育工作的要求,依据本系统实际,贯彻执行开展本系统内的体育运动是该系统的主要任务。在该系统中,上下级体育管理机构存在领导与被领导的关系。

(二)社会体育管理组织系统

社会体育管理系统包括以下两个子系统。

1.社会专门体育管理系统

社会专门体育管理系统由专门从事体育管理工作的社会组织构成,主要包括以下三个子系统。

(1)中华全国体育总会

中华全国体育总会是全国性群众体育组织,主要管理全国业余体育运动。该系统的职责主要包括以下几方面。

第一,对群众性的体育运动进行组织与宣传,旨在促进人民体质的增强和运动水平的提高。

第二,负责举办全国体育竞赛或协助有关部门共同举办赛事。

第三,与国际体育组织保持联系,开展国际体育交流。

第四,将全国和海外的体育工作者和体育爱好者团结起来,促进民族力量的增强。

(2)中国奥林匹克委员会

中国奥林匹克委员会作为一个全国性的群众体育组织,其主要宗旨是发展体育运动和奥林匹克运动。该系统的主要职责如下。

第一,以国际奥委会的原则和规定为参照对中国奥委会的章程进行制定,并开展活动。

第二,对参加奥运会的全国单项协会的训练和竞赛进行指导。

第三,对中国参加奥运会的报名工作进行组织与领导,对参加奥运会的优秀运动员进行选拔。

（3）中国体育科学学会

中国体育科学学会属于社会团体的范畴,该系统主要由我国体育科技工作者组成。其主要职责是以体育发展需要为依据,组织体育科技工作者科学分析与深入研究社会体育、竞技运动、学校体育以及体育产业、体育社会科学各方面的问题,从而为体育事业的发展提供科学的依据,为体育决策提供参考。

2.社会非专门体育管理系统

社会非专门体育管理系统是由群众性组织构成的,包括以下两个子系统。

（1）群众团体组织系统

群众团体组织系统指的是由群众团体组织中管理本团体体育工作的常设机构组成的体育管理系统,这些团体通过下属各级机构来管理本团体体育工作。[1]

（2）民间体育组织系统

民间体育组织系统指的是地域性的、民间自发组织的、在一定组织范围内管理体育的群众组织。这类团体一般以休闲娱乐为目的,由有共同爱好的人自发组织形成。[2]

第三节 体育组织的演变与发展

一、体育组织的演变

（一）体育组织演变的原因

1.外在原因

（1）科技发展

随着现代科技水平的飞速提高,组织结构、组织管理层次与

---

① 肖林鹏.现代体育管理[M]. 3 版.北京:北京体育大学出版社,2015.

② 同上.

幅度、组织运行要素等都发生了相应的变化,而这些方面的变化客观上要求实行组织变革。

（2）现代化管理的需要

现代化管理要求组织有效预测其行为,并作出科学决策,合理协调组织各要素和组织运行中的各环节,这一切对组织变革提出了新的要求。

（3）组织环境的变动

现代体育组织面临的外部环境复杂多变,因此要通过组织变革来适应新环境。

2.内在原因

（1）组织成员内在动机与需求的变化

组织有效运行的基础是组织成员的个体行为,成员个体行为受其自身内在需要的影响。组织结构与组织管理始终要与成员的需要保持一致。当大多数成员的需要和动机发生变化时,也要相应地调整组织结构与管理。

（2）组织目标的选择

组织演变的方向主要由组织目标决定。组织目标的选择形态主要有以下几种。

第一,已经实现或即将实现组织既定目标,需对新的发展方向和目标进行探寻。

第二,无法实现组织既定目标,需及时转型,对新的发展方向进行寻找。

第三,组织目标与组织环境不符,要求修正原有目标。

（3）组织结构的调整

调整组织结构的权责体系、部门体系。

（4）组织职能的变化

体育组织也会随着组织职能和基本内容的变化而发生变革。

（二）体育组织演变的几种常见方式

体育组织的演变与改革方式主要有以下几种。

1.革命式变革

革命式变革指的是采取革命性措施将原有框架彻底打破,在短期内迅速改组原有的组织机构。这种演变方式涉及范围广泛,与组织的方方面面都有关系,因而会引起很大的震动。相应地,阻力也比较大。这就要求组织领导人对周密计划提前进行制定。一旦这种方式取得成功,组织便会焕然一新,散发无限的生机。而一旦变革失败,组织便可能一蹶不振,所以最高管理者要慎重行动。

2.计划式变革

计划式变革指的是先系统研究改革方案,对全面规划进行制定,对理想的变革模式进行设计,然后有计划、有步骤的分阶段实施规划方案。这种组织变革方式比较理想,所以广受欢迎,我国体育行政组织大都采用这种变革方式。

3.改良式变革

改良式变革指的是在原有组织结构框架内进行小规模或小幅度的改革及修补。这种变革方式是局部性的,涉及面小,不易引起大的震动,所以阻力也不会太大。采用这种变革方式能够促进组织全局的稳定发展。

二、体育组织的发展

(一)体育组织发展的基本内容

1.完善组织结构

通常,传统组织结构存在决策集权化、权威等级严格化、工作责任狭隘化,程序规则固守化等问题,这种组织形式不利于组织成员能动性的充分发挥,会导致组织成员士气低落、工作满意度低等。管理者要对组织形式能否适应外界环境的变化、组织形式如何对组织内决策的形成和信息共享产生影响等进行分析与研究,从而促进组织结构的不断完善。

2.打造组织团队

提高组织运行效率需要打造一支优秀的组织团队,有助于将员工的才能更好地发挥出来,激励员工上进。团队建设应强调以人为中心,要培养员工独立解决问题及协同合作的能力,使个人在实际环境中做出好的成绩。

3.创建学习型组织

创建学习型组织就是通过不断的实践创造出能够快速适应外部环境变化的组织。作为一个整体,组织应该具有良好的学习能力,储备丰富的知识,在复杂多变的环境中不断进步与发展。

4.变革组织文化

体育组织要特别注意以自己所处的情境和自己的类型为依据对适当的文化进行选择,这是不容忽视的重要工作。组织文化在一个组织中虽然已经根深蒂固,但并非一成不变。重新选择及改革组织文化是一项长期的工作,管理者需要先客观诊断组织的情况,然后依据诊断结果对组织所需要的文化进行分析与探究,然后制定文化变革策略。

(二)体育组织发展对管理者的要求

任何体育组织的变革及发展都离不开管理者,管理者在体育组织发展中发挥着举足轻重的作用。随着体育组织的深入变革与不断发展,向管理者提出了越来越高的要求。总的来说,在组织变革与发展中,体育管理者需要具备以下几方面的能力。

(1)快速掌握和灵活运用信息的能力。

(2)超强的适应能力。

（3）发展人际关系的能力。

（4）科学决策的能力。

（5）终身学习的能力。

（6）持续创新的能力。

第四章 现代体育管理的原理与方法

现代体育管理已经得到一定的发展,并且将其应有的作用充分发挥出来。体育管理的进行与理想效果的取得并不是凭空得来,而是在坚实的理论基础和科学的指导下才能得以实现。本章主要对现代体育管理的原理与方法加以分析和研究,由此能够对现代体育管理的相关理论基础和方法有所了解和认识,同时也能为现代体育管理的进一步推进起到积极的促进作用。

第一节 现代体育管理原理的概念

提到体育管理原理,就会想到体育管理原则,这两者之间有着非常紧密的联系,但同时,这两者之间也容易使人们造成一定的混淆。

一、体育管理原理

体育管理原理,是对体育管理活动的实质及其基本运动规律的概括。是客观存在的,不以人们意志为转移。对体育管理原理进行学习和掌握之后,对于指导管理工作,强化管理职能,提高工作效率与效益,实现管理目标都非常有利。

体育管理原理具有较为显著的特征,具体来说,主要表现在以下几个方面。

(1)客观性特征。体育管理原理是客观性特征,主要从对管理的实质及其客观规律的表述上得到体现。管理原理是对管理工作客观必然性的刻画,原理之"原",即"源",是原本、根本的意思;原理之"理",即道、基准、规律。由此可以得知,原理实际上就是根本的规律。违背了管理原理,就一定会遭到客观规律的惩罚,承受严重的后果。

（2）概括性特征。管理原理是在总结大量的管理活动经验的基础上,将各因素之间的差异和表面现象舍弃掉,经过高度综合和概括得出的具有普遍性、规律性的结论。

（3）稳定性特征。管理原理是相对稳定的,具有"公理的性质"。因此,它能够被人们正确的认识和利用,对管理实践活动进行科学的指导,从而取得良好的成效。

（4）系统性特征。各管理原理之间是相互联系、相互转化的统一整体,能够对管理工作进行科学的指导。

二、体育管理原则

对体育管理原理的认识进一步引申,就成为体育管理原则,具体来说,就是由人们规定的行动准则。

体育管理原则是在客观真理的基础上确定下来的,但是有一定的人为因素,为了加强其约束作用,往往带有指令性和法定性,是要求人们共同遵循的行为规范,这也是将体育管理原则与体育管理原理区分开来的一个根本因素。

总的来说,在体育管理的实践中,要对原理与原则加以区别,同时,还要对两者之间的联系有所掌握。在确定每项管理原则时,要以客观真理为依据,尽量使之符合相应的原理,从而使主观主义和官僚主义得到有效避免。除此之外,还要以指令或法令的形式使管理原则的约束作用得到进一步的强化,使管理原理的指导作用进一步加强,从而使管理效果令人满意。

第二节　现代体育管理原理及其应用

一、系统原理及其应用

（一）系统原理的概念

系统理论的主要观点为不管是什么样的组织,都可被视为一个完整的、开放的系统或某一大系统中的子系统,在认识和处理管理问题时,应遵循系统的观点和方法,以系统论作为管理的指导思想。

系统是由若干相互联系、相互作用的要素所构成的具有特定功能的有机整体。贝塔朗菲认为系统是"相互作用的多元素的复合体"。换言之,如果一个对象集合中至少有两个可以区分的对象,所有对象按照可以辨认的特有方式相互联系在一起,就称该集合为一个系统。一般来说,系统具有较为显著的特征,主要表现在以下几个方面。

第一,目的性特征。系统的这一特征要求不管是什么样的管理活动,都必须是有目的的。

第二,整体性特征。系统的这一特征要求从整体着眼,部分着手,统筹考虑,各方协调,使局部服从整体,达到整体的最优化,使个体效能服从整体效能,追求整体效能最优。

第三,层次性特征,系统的这一特征在管理上的要求主要从设计组织结构时,应建立适应系统有效运行的组织结构上得到体现,具体来说,其要求在纵向上划清管理的层次,在横向上划分管理的部门,从而将管理大系统中各子系统之间的关系充分体现出来。

第四,适应性特征,系统的这一特征要求管理系统必须与外部环境产生物质的、能量的、信息的交换,必须与外部环境的变化相适应,因为只有这样系统才能够保证正常运行和发展。

系统原理就是指为实现系统的目标,运用系统理论对管理现象进行分析的规律的概括。

(二)系统原理的应用

从对系统原理的概念的认识和理解中,可以将系统原理的管理原则引申出来,具体来说,主要包括以下几个方面。

1.统一指挥原则

统一指挥原则自古以来一直备受管理理论研究者的重视。

系统是有层次的,其对划分管理的层次有着明确的要求。各管理层次要明确自己相应的职责与权力。系统的有效运行是有规律的,杂乱无章的多头领导必然导致责权不明、指令重复且相互矛盾。因此,这就要求在实现组织既定目标的过程中,必须强调统一指挥原则,强调组织目标实现过程中的合力,从而使由多头领导而导致的相互矛盾的现象得到有效避免,进而形成组织行为的整体效应。

2. 整分合原则

所谓的整分合原则,是指管理必须在整体规划下明确分工,在分工的基础上有效地综合,从而使整体目标得以实现。这就是所谓的"整—分—合"的过程。

在运用整分合原则时,需要做到以下几个方面的要求。

第一,将整体意识树立起来。树立整体意识是为了进一步扩大整体效应,实现整体的目标。

第二,要做到合理分工。分工的主要目的在于发挥系统内各要素的优势,在较短的时间内快捷、高效地完成整体任务。从某种程度上说,分工对整体系统能实现功能最大化起到非常重要的决定性作用。

第三,分工与协作共同作用。分工的各个环节,很容易在时间和空间、数量和质量上与整体脱节,在相互影响下产生新的矛盾。因此,这就要求分工之后突出各因素的相互协作,朝着共同的方向运行。现代管理强调集体的协作性,也就是注重分工协作,分工只是围绕整体目标展开的分解过程,而没有对管理的功能进行分工。

3. 整体效应原则

系统整体效应概念,是从著名的贝塔朗菲定律——整体大于各个孤立部分的总和而来的。换句话说,就是系统的整体功能大于各组成部分功能的简单相加之和,即 $1+1>2$ 效应。由此可以得知,系统内部各部分之和在功能上发生了质变。其对管理者具有一定的启发作用,主要表现在,要对组织管理的整体效应加以重视,在进行决策和处理管理问题时应以系统整体效应为重,从系统整体功能的角度分析系统内部各部分之间的相互联系和相互制约的关系,从整体出发,协商好各要素之间的关系,做到子系统的目标服从于大系统整体目标。

4.相对封闭原则

任一系统内的管理手段必须形成一个连续的相对封闭的回路,构成完整的管理系统,进而形成有效的管理运动,这就是所谓的相对封闭原则。

(1)管理机构要形成一个连续的封闭回路。一个完整的管理系统,是由四个方面的管理手段组成的,即决策中心、执行机构、监督机构和反馈机构,缺一不可(图 4-1)。其中,决策中心是管理的起点,由此发出指令;执行机构的任务是准确无误地贯彻指令;监督机构的任务则是以指令为依据对执行机构的工作情况进行检查与监督;反馈机构对输出情况及接受单位的反馈信息进行处理,比较效果与指令的差距后,提出修正指令和可供选择的方案,然后返回决策中心,从而构成封闭的回路。

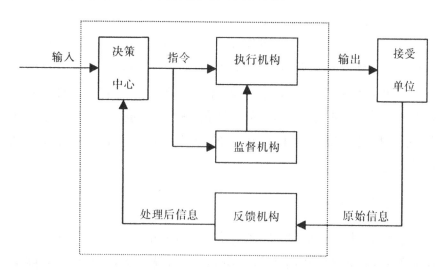

图 4-1

（2）管理的法规、制度也必须封闭。法不封闭,漏洞百出。法规和制度的制定和不断完善是各项管理工作中必不可少的重要环节,但仅仅有法规和制度是不够的,监督的法规和程序是必不可少的,除此之外,还要有在执行过程中解决矛盾的仲裁法和处理法。有了立法,没有司法,出现违法事件无人审理,这就是不封闭的表现。从系统内部来看,一切规章制度,也要形成封闭回路,如实行责任制,要以奖惩进行封闭;而晋升制,要以考核进行封闭等。只有这样,才能在管理过程中将法规和制度的作用充分发挥出来。

（3）管理中的人是封闭的。人要封闭,主要在一层管一层,一层对一层负责,并形成回路方面得到体现。如果上下层之间的指挥和沟通中断或越级指挥,就必然导致管理上的混乱,如果没有形成回路,则会导致独断专行。

（4）使管理系统内部形成相对封闭。需要强调的是,这里所说的封闭只是针对系统内部而言,对系统外部则要呈开放状态,保持系统与外界不断的进行人、财、物、时间、信息等资源的交流。所谓封闭是在系统内部形成一个回路。不封闭的管理,有效的管理系统就不能得以形成,理想的管理功效也很难获得。

（5）注意封闭的相对性。首先,从空间上看,不管是什么样的系统都具有开放性,每一系统与其上下左右各系统都有着输出、输入的关系,封闭只是相对的。其次,有效的封闭措施,本身就是一件十分复杂的工作,封闭是否有效,还需经过实践检验才能得知。对新发现的后果或经实践检验证明是不正确的措施,都必须进行新的封闭。最后,不管是什么样的封闭措施都不可能是十全十美的,因此,这就要求在管理中一定要注意封闭的相对性,从而使僵化、凝固的现象得到避免。

（三）系统原理在体育管理中应用的基本要求

在现代体育管理中应用系统原理,需要做到以下几个方面的要求。

1. 将局部与整体有机结合起来

所谓的将局部与整体有机结合起来,就是指在体育管理工作过程中,整体是由局部(部分)构成的,整体统筹局部(部分),局部支撑整体,局部行为受整体的约束、支配。因此,需要把二者有机地结合起来,在系统的整体观下建立对局部的描述,然后综合局部的描述以建立整体的描述,即从局部走向整体,从整体走向局部,这是系统研究的基本方法。在体育管理中,必须在整体规划的前提下,分工明确,在分工的基础上有效地综合。就是从整体上把握系统的目标、所处的条件和所处的环境,从整体着眼,部分着手,统筹考虑,各方协调,达到整体的最优化。

2. 将定性描述与定量描述有机结合起来

不管什么样的系统,都具有定性特性和定量特性两方面,这两个方面相互表现。具体来说,定量研究的主要目的往往是对特定研究对象的总体得出统计结果而进行的,对被管理系统进行尽可能精确的数量描述,并确定相应量化措施及其作用程度的管理方法。而定性研究只对被管理系统的属性和变化趋势进行分析和判断,从而将相应的管理方法制定出来,具有较为显著的探索性、诊断性和预测性等特点,它并不追求精确的结论,而只是了解问题之所在,摸清情况,得出感性认识。定性研究所采用的方法主要有与个人面谈的小组访问,要求详细回答的深度访问,以及各种投影技术等。在定量研究中,信息都是用某种数字来表示的。

二、人本原理及其应用

(一)人本原理的概念

一切社会经济系统的运行都离不开人的服务,人的劳动与人的管理。在管理中以人为根本,是人本原理的实质所在。具体来说,所谓的人本原理,就是指一切管理活动均以调动人的积极性,做好人的工作为根本规律的概括。管理的最终目标就是不断地满足人们的物质需要和精神需要,实现人的全面发展。在管理系统中,人不仅是管理的主体,同时也是管理客体中最主要的因素,各项管理措施和管理手段的运用,首先是作用于人,再通过人来发挥其能动作用,最终协调与其他管理要素的关系。人本管理能够将在管理活动中行为科学、心理学等多种社会科学的综合运用充分体现出来。

(二)人本原理的应用

人本原理的应用主要在由其引申出来的主要管理原则的运用方面得到体现。具体来说,在体育管理中应用人本原理,需要遵循以下几个方面的原则。

1.能级原则

能级原则,是指人的能级应同岗位能级相符,人的能级应同职务能级相称,把不同能级的人安排在相应的岗位上,赋予相应的职务,以实现人尽其才,各得其所。一般来说,正三角形是稳定的组织,表示既有精干的领导核心,又有坚实的基础,为人才的合理使用提供了环境条件。不同的层次就会具有不同的地位和作用,因而各层的岗位能级也是存在一定差异性的。各个管理层次的能级不同,对人才的素质和知识能力结构就会有不同的要求。以能级原则为依据,应当尽可能地使管理人才能级同层次能级相符,做到能级对应。

2.动力原则

管理必须有强大的动力,要善于综合运用各种动力,从而保证管理持续而有效地进行。动力对管理效能起到非常重要的决定性作用,它不仅是管理的能源,而且也是一种制约的因素,没有强有力的动力,其他原理原则的效能就会受到制约,人的积极性也就会受到制约。因此,这就要求在管理过程中一定要将有效的激励机制建立起来,遵循动力原则,从而将人的积极性、主动性和创造性充分调动起来。

一般来说,管理系统常用的动力主要有三种类型,即物质动力、精神动力和信息动力。其中,物质动力是由物质利益引发的动力,良好的物质生活是人类潜能得以发挥的必要条件;精神动力是指人的理想、道德观念、思想政治水平等社会意识,先进的社会意识使人奋进,勇于开拓,敢于创新;信息动力是指信息传递与反馈对促进发展的作用,对组织活动产生直接的、综合的促进作用。在体育管理中运用三大动力原则,需要做到以下几个方面的要求。

第一,要综合、协调地运用三种动力。

第二,不仅要将个体动力与集体动力之间的关系处理好。还要将个体动力与个体动力之间的关系也处理好。

第三,要对适宜的动力"刺激量"有所掌握。刺激量的制定应以调动人们的积极性为标准。"刺激量"不能太大也不能太小。

3.民主参与原则

民主参与原则,是指职工参与管理。有效管理实现的方式主要有两种:一种是高度集权,依靠严格的管理原则和铁的纪律,重奖重罚,以取得组织目标统一,行动一致,从而实现较高的工作效率;另一种则是适度分权,依靠柔性化的组织设计,职工参与管理,使个人利益与组织利益紧密结合,使职工为了共同的目标而自觉地努力工作,从而实现高度的工作效率。需要注意的是,这两种管理方式之间存在着一定的差异性,具体来说,主要表现为前者把职工当作管理的客体,职工处在被管理的地位;后者把职工视为管理的主体,职工处于主动参与管理的地位。从某种程度上说,职工参与管理,是现代管理的一个显著特征,是更为合理有效的管理方式。

(三)人本原理在体育管理中应用的基本要求

在体育管理中应用人本原理,需要做到以下几个方面的要求。

1.体育管理将满足人的生存需要作为重要基础

现代管理学的主要观点认为,物质动力、精神动力和信息动力是为了对管理系统整体最优化目标发展起到积极的促进作用,使人高效、创造性地完成工作任务的手段。其中,以满足人们生存需要为物质动力,是最基础的方法,离开它,管理目标的最优化就不可能实现。当然,体育管理如仅仅停留在满足人的生存需要这一层次上,是不能完全解决管理的问题的。换句话说,进行管理活动的重要基础就是满足人的生存需要。要想对其他措施的顺利实施起到积极的促进作用,就需要人们重视它,解决好这个基础问题。

2.体育管理将提升人的精神境界作为重要目标

精神性不仅是人之为人的根本标志问题,也是管理活动中的核心问题。人之所以为人,就在于人有精神,精神方面的需求欲望是必然存在的。从相关的研究中可以发现,管理效率高低、成效大小,同人的主观动机、思想状态、精神境界等,都成直接的正比关系。人的精神需求得到恰当的满足,精神状态好,精神境界高,则其管理效率就高,成效就大;反之,其管理效率就低,成效也会令人失望,甚至可能产生消极作用,阻碍管理活动的正常开展。因此,就要求在体育管理活动中,要以满足人最基本的生存需要为基础,在管理体制、管理方式、管理手段上将关注人的心理充分体现出来,加强对人的精神需求的重视,尊重人的个性展示与发展,使人的自信、尊严和价值得以顺利实现。从某种程度上来说,这也是体育管理发展的必然趋势。

3.体育管理将健全人格、实现人的价值作为内在需求

人的力量是无穷的。真正的无穷是被某种精神塑造出来的,被某种目标激发起来的人格所体现出来的震撼力量。人本管理方式的根本目的在于满足人的社交、尊重、审美等高尚的精神境界;人本管理的内在根本标志就是健全人格,实现人的价值。从

重物的管理向重人的管理,从重物质激励到重精神鼓励的管理的转变,是管理模式的一次伟大变革。在"经济人"管理时代,谈不上对员工的尊重。随着对人主体地位和作用的不断探索与认识,管理者们越来越深刻地认识到,人的因素已成为不同经济模式和政治管理水平高低的决定性因素。因此,重视人的作用、尊重人格是组织之间竞争,乃至社会发展的决定性动因。所以,要将健全人格、实现人的价值作为体育管理的内在需求。

三、动态原理及其应用

(一)动态原理的概念

管理的动态性主要从管理的主体、管理的对象以及管理手段和管理方法上得到体现,组织的目标、管理的目标以及组织内外部环境也处在不断变化之中,由此可以得知,固定的管理模式以及普遍适用于任何组织的管理方法和管理手段都是不存在的。

从管理实践中可以得知,有效的管理是一种随机制宜的管理。鉴于此,动态管理原理要求管理者应不断更新管理观念,在处理管理问题时避免僵化的管理思想和方法,以管理环境的变化为依据随机应变。

(二)动态原理的应用

以动态原理为主要依据,可以引申出一些需要遵循的重要原则,具体如下。

1.随机制宜原则

随机制宜原则能够将动态管理的原理充分体现出来。按照这一原则,任何管理思想、管理理论和方法都只适应特定的管理活动,能够解决各种管理问题的灵丹妙药是不存在的。只有知道了组织所面临的特定环境之后,才能找到最优的管理方式与方法。因此,这一原则要求不管是什么样的管理活动都必须从具体情况出发。这一原则能够有效指导管理活动。具体来说,其要求管理者辩证地对待管理理论和管理实践,从客观的管理实践出发,充分认识和把握管理环境在不同条件下所表现出来的特点,将与实际相符的管理方式与方法选择出来并加以应用。

2. 弹性原则

为了适应客观事物各种可能的变化,必须使管理保持充分的弹性,从而使管理活动的正常运行得到保证。管理一定要保持弹性,究其原因,主要表现在两个方面:一方面,是管理因素的多样性及其相互关系的复杂性,以及管理难以正确把握所有问题的各种细节,从而要求管理必须留有余地;另一方面,管理具有不确定性,且有后果问题。

通常情况下,可以将管理弹性分为两种类型。一种是在某管理环节,尤其在重要环节上保持可以调节的局部弹性;另一种是整个系统的可塑性和适应能力,即整体弹性。一般地,整体弹性比局部弹性有更大的适应性,因此,这就要求管理过程中既要注意局部弹性,又要注意整体弹性。

另外,还需要强调的是,不管是局部弹性还是整体弹性都有积极与消极之分。因此,这就要求我们在实践中区分积极弹性和消极弹性,要采用遇事"多一手"的积极弹性,从而使遇事"留一手"的消极弹性得到有效避免。

3. 反馈原则

所谓的反馈原则,是指通过灵敏、准确而有力的信息反馈,达到提高管理效能的目的。管理过程的实质是控制,与反馈所起到的作用正好相符,因此,管理若无反馈,就不可能做到正确的调节和有效的控制,更谈不上目标的实现。

应用反馈方法进行控制时,所产生的效果主要有两种:一种是系统的输入对输出的影响增大,系统的输出值与目标值的偏差愈来愈大,造成系统的运动加剧,导致振荡的正反馈;另一种是系统的输入对输出的影响减少,使系统偏离目标的运动收敛,趋向于稳定状态的负反馈。其中,目标管理、模式训练等都属于负反馈的范畴,负反馈在体育管理中应用较为普遍。

需要强调的是,在体育管理中应用反馈原则,需要做到以下几个方面的要求。第一,反馈必须做到灵敏、准确、有力;第二,要将一定的检查与信息反馈制度建立起来;第三,要将反馈机构建立起来。

四、效益原理及其应用

(一)效益原理的概念

在社会活动中的消耗同取得符合社会需要的劳动成果的对比关系,就是所谓的效益。而追求效益是管理的主要目的。效益有社会和经济之分,其中,经济效益是讲求社会效益的基础,而讲求社会效益又是促进经济提高的重要条件。经济效益较社会效益直接、显见、见效快,经济效益可以运用若干经济指标来计算和考核;社会效益见效周期长并且没有任何定量指标,难以计量,必须借助于其他形式间接衡量。

管理的各项工作都要紧紧围绕提高效益这个中心。科学有效地使用人力、财力、物力、时间和信息等资源,以创造出最大的社会、经济效益的规律的概括,就是所谓的效益原理。

(二)效益原理的应用

1. 效益的评价

可以由不同的主体,从多个不同的角度对效益加以评价,因此标准并不是固定和唯一的。不同的评价标准和方法,得出的结论也存在一定的差异性,甚至相反。有效的管理首先要求对效益的评价尽可能公正和客观,究其原因,主要是由于评价的结果会对组织对效益的追求产生直接的影响。比如,首长评价有一定的权威性,全局性掌握得较好,其结果对组织的影响力较大,缺点在于不够细致和具体;群众评价的优势在于比较公正,而缺点则是要花费的时间和费用较多;专家评价比较细致,技术性较强,但也具有注重直接效益而忽视间接效益的缺点。由此可以看出,不同的评价都有它自身的长处和不足。因此,这就要求综合运用,从而获得客观公正的评价结果。

2.效益的追求

管理的根本目的就是获取效益。可以说,管理就是对效益的不断追求。这种追求是有规律可循的,实践中要做到以下几个方面的要求。

第一,在实际工作中,管理效益的直接形态是通过经济效益而得到表现的。

第二,影响管理效益的因素很多,其中,较为关键的是主体管理思想正确与否。

第三,追求局部效益必须与追求全局效益协调一致。

第四,管理应追求长期稳定的高效益。

第五,将管理活动的效益观确定下来。

(三)效益原理应用在体育管理中的基本要求

在体育管理中应用效益原理,需要做到以下几个方面的要求。

1.对体育管理活动中局部效益和全局效益的关系进行妥善的处理,并且将二者有机结合起来

全局效益的重要性要高于局部效益,二者互为前提。比如,全局效益差,局部效益难以持久;如果没有局部效益的提高,全局效益也难以实现。由此可以看出,全局效益与局部效益两者是统一的,但又是矛盾的。因此,这就要求管理者在处理二者关系时,必须把全局效益放在首位,做到局部服从全局。同时,在强调全局效益的前提下,也要对局部效益的实现加以关注。

2.对体育管理的当前效益和长远效益之间的关系进行妥善处理,并且将二者有机统一起来

体育管理效益的实现,不仅要对当前的经济效益加以重视,更应重视长远效益的实现。只关心当前的效益,忽视长远效益的

做法是不可取的。如当前效益与长远效益,既矛盾,又统一。这就要求在处理它们之间的关系时,既要注意体育管理的当前经济效益,更要讲求长远效益。只有二者正确地结合起来,才能使体育管理活动的正常进行得到保证,管理效益才能得到不断提高。

3.对体育管理的经济效益和社会效益的关系进行妥善处理,并且将二者有机统一起来

体育管理效益的直接形态是通过经济效益表现出来的,而社会效益则是在潜移默化中体现的。经济效益的实现是社会效益实现的基础,而社会效益的提高,又是促进经济效益提高的重要条件。二者之间既有区别,又有联系,是一对统一的矛盾体。因此,这就要求在体育管理中,必须坚持既讲求经济效益,也要讲求社会效益。

第三节 现代体育管理的基本方法

一、行政方法

(一)行政方法的概念

依靠各级体育组织的行政权威,运用行政手段,通过自上而下的行政层次,进行组织、指挥和调节的管理方法,就是所谓的体育管理的行政方法。

一般来说,行政方法的程序可以分为四个阶段,即发布命令阶段、贯彻实施阶段、检查督促阶段和调节处理阶段。其具体的表现形式为:命令、决议、指示、规定,以及其他各种行政性文件等形式。这些文件能够将上级机构和领导者的意见和决策充分体现出来,成为下级管理部门进行工作的依据。通过行政组织中的职务和职位进行管理,是行政方法的实质所在,它对职责、职权、职位而非个人的能力或特权是非常重视的。不管是什么样的部

门、单位总要建立起若干行政机构进行管理，它们都有着严格的职责和权限范围。由于在任何行政管理系统中，各个层次所掌握的信息绝对是不对称的，所以，才有了行政权威。上级指挥下级，完全是由于高一级的职位所决定的。下级服从上级是对上级所拥有的管理权限的服从。

（二）行政方法的特点

行政方法具有非常显著的特点，具体来说，主要表现在以下几个方面。

1. 权威性特点

上级管理机关和管理者的权威是行政方法所依托的基础。因此，运用行政方法进行有效管理的重要前提，就是进一步提高各级体育管理者的权威。行政方法的权威性特点对于领导层的决策作用的发挥，便于通过强有力的行政措施，对所辖各级机构进行有效的组织、指挥和调节都是较为有利的。但也需要注意的是，这种权威性与管理者个人的德、识、才、学和个性心理特征密切联系，其管理效果在很大程度上受到管理者的能力和水平的决定性影响。

2. 强制性特点

行政权力机构和管理者所发出的命令、指示、规定等，对管理对象具有程度不同的强制性。行政方法就是通过这种强制性达到指挥与控制的目的。但是需要强调的是，行政强制与法律强制并不是等同的，存在着一定的差别，具体来说，主要表现为法律的强制性是通过国家机器和司法机构执行的，准许人们做什么不准许人们做什么；而行政的强制性是要求人们在行动的目标上服从统一的意志，它在行动的原则上高度统一，但允许人们在方法上灵活多样。行政的强制性是由一系列行政措施作为保证执行的。

3. 针对性特点

相对于其他方法而言，行政指令的内容和对象一般都是十分具体的,而且会由于对象、目的和时间的变化而产生一定的变化。因此,行政指令往往是在某一特定的时间,针对某一特定对象而颁布实施的。从某种程度上说,行政方法的这一特点,使之与处理管理中的各种突发情况和个性问题非常相符。特别是在处理新情况、解决新问题方面,更将其见效快的作用充分体现出来。但不可忽视的是,若缺乏相应的行政立法保证,也可能导致政出多门、滥用职权和各自为政的弊端。

4.无偿性特点

运用行政方法进行管理,上级组织对下级组织的人力、财力、物力等的调动和使用不讲等价交换的原则。一切以行政管理的需要为依据,不将价值补偿问题作为考量的因素。

5.纵向性特点

行政方法是通过行政系统,从上至下按一定的行政层次实施的。因此,各种行政指令的下达通常呈垂直性传递,这就将纵向性特点充分体现出来。这种纵向性特点使得行政方法在自上而下的系统内部管理中较为有效,但对于不同系统的相互沟通或同级的横向联系上,往往容易发生信息传递受阻的弊病。

(三)行政方法在体育管理中的运用

在体育管理中运用行政方法时,需要做到以下几个方面的要求。

1.将行政方法的应用范围与条件明确下来

行政方法是最有效、最直接的管理方法。它的适用范围是最为广泛的,不管是什么样的管理,都离不开行政方法。可以说行政方法是任何管理所必不可少的手段。但是,由于行政方法具有不便于分权管理,不便于发挥子系统的积极性,信息传递迟缓、易失真等局限性的影响,在管理活动中不能单一地使用,过分地使用,要以具体的事情为主要依据采用适当的管理方法,在有些场合可能宣传教育的方法比行政方法更为有效,行政方法暂时只能起到辅助的作用,因此,为了达到最佳的管理效果,就要求在对待具体情况时,必须将各种方法综合运用。

在运用行政方法时,需要满足两个条件:一是要有一个比较严密的行政组织系统和监督系统,这是运用行政方法的基础和条件;二是各级管理者要强化服务意识,并注重不断提高自身的素质和能力水平,这对行政方法的运用效果起到直接的决定性作用。

2.以管理对象的性质和特点为依据,将行政方法同其他管理方法有机结合起来

尽管行政方法有着较为广泛的适用范围,但是,管理对象的性质和特点不同,行政方法的地位和作用也会存在着一定的差异性。如在体育行政、体育教育等一类组织中,行政方法可以作为一种主要的管理手段;而在经济活动或创新工作的管理中,诸如社会体育、科学研究的管理过程中,行政方法的作用相应来说就比较有限。因此,这就要求必须注重并善于把行政方法与经济方法、法律方法、宣传教育方法等管理方法结合起来,使之在体育管理中将其应有的效能充分发挥出来。

二、法律方法

(一)法律方法的概念

站在维护法治的立场上,根据法律分析事实、解决纠纷的方法,就是所谓的法律方法。或者说,法律方法是由成文法向判决转换的方法,也就是把法律的内容用到裁判案件中的方法。广义的法律方法包括法律思维方式、法律运用的各种技巧和一般的法律方法。实现全体人民的意志,并维护他们的根本利益,代表他们对社会经济、政治、文化活动实行强制性的、统一的管理,是法律方法的实质所在。法律方法不仅要将广大人民的利益反映出来,同时,还要将事物客观规律反映出来,调动和促进各个企业、

单位和群众的积极性、创造性,使社会主义事业在改革开放中不断发展壮大。法律方法能使必要的管理秩序得到保证,合理调节管理因素之间的关系,从而对体育管理系统自身的发展起到积极的推动作用。

由此可以得知,运用法律规范和通过司法、仲裁等,调节体育组织内外关系的管理手段,就是所谓的体育管理的法律方法。

(二)法律方法的特点

法律方法本身具有非常显著的特点,具体表现在以下几个方面。

1.严肃性特点

任何法律规范的制定和实施都是极其严肃的工作,必须严格依照法定程序和规定进行。一旦颁布实施,就需相对稳定,不可随心所欲、滥加修改,从而使它的严肃性得到较好的维护。司法工作更需通过严格的执法活动维护法律的尊严。

2.规范性特点

人们的行为所必须遵守的一般规则,就是所谓的规范。法律方法是通过制定法规,而不是发布命令来实施管理。它通过法规告诉人们可以做什么或不可以做什么,应当怎么做或不应当怎么做,集中体现在各种行为规则上,从而达到调整人际关系,维护管理系统运行秩序以及促使管理活动程序化、规范化、提高效率的目的。

3.强制性特点

法律规范代表着统治阶级的意志,其主要后盾为国家权力机关的强制力,任何组织、个人都必须无条件执行,这就将其鲜明的强制性特点充分体现出来。法律方法的强制性与行政方法之间存在着一定的差异性。具体来说,行政方法往往只对本系统的对象有效,它要求管理对象在思想上、纪律上、原则上服从统一的意志,但允许在方法上具有一定的灵活性;而法律方法的强制性不仅在制约范围上较行政方法广泛,而且要求各级体育组织和部门,乃至每位公民都必须毫无例外地遵守,具有无条件的强制性。

4.普遍性特点

法律方法的普遍性特点主要从两个方面得到体现:一方面,是运用法律手段控制和制约的对象是抽象的、一般的人;另一方面,是采用的法律手段适用于一定范围的各种情况,并能在同样情况下反复使用。

(三)法律方法在体育管理中的运用

在体育管理中运用法律方法,要做到以下几个方面的要求。

1.将法律方法的应用范围与条件明确下来

法律方法在体育管理中的应用,主要从对体育系统的整体管理上得到体现。尤其是在调节和处理体育系统的各种内外关系,规范管理秩序,保持管理系统稳定和处理体育管理中普遍存在的各类共性问题上,法律方法能够将其他方法难以起到的作用充分发挥出来。

在体育管理中运用法律方法需要具备的条件主要有:第一,要建立和健全各种体育法规,这是运用法律方法的前提;第二,要注重体育法规的监督和执行工作,这是保证发挥体育法规作用的关键;第三,要大力开展法制宣传和教育,使人们的法制观念进一步增强。这三个方面是相辅相成,缺一不可的。

2.使必要的管理秩序得到有力保证

稳定和有序,是任何一个管理系统存在和有规律运行的基础,由于法律具有强制性的独特优势,在法律面前人人平等,运用法律可以把人们的行为和组织活动有效地控制在正常的范围之内,从而使整个管理系统正常有序、自动有效地运转得到有力的保证。制度化的轨道,使人们有法可依,有章可循,使管理系统自动有效地运转。这样,不仅能够使管理的效率得到保证,同时,还能达到节约管理者精力的目的。在体育管理过程中,存在着各种相互关联的经济利益和其他关系,只有通过法律方法才能公正、合理、有效的加以调整,将各种不利因素的影响积极地排除掉,从而使体育内部各部分的正常运转得到保证,进而达到最优化的组合的目的。

3.通过法律方法的科学运用实现科学管理

尽管法律方法在体育管理中起着十分重要的作用,但它也不是万能的,不能企望依靠法律方法能解决所有的管理问题。具体来说,法律方法的局限性主要表现为:一方面,法律方法缺少管理中必要的灵活性和弹性,易使管理僵化;另一方面,在法律范围之外,还有大量的经济关系、社会关系需要运用其他方法进行管理和调整。由此可以得知,正确运用法律方法的做法为:将法律方法与行政、经济等方法结合起来使用,互为补充,从而取得更加理想的管理效果。

三、经济方法

(一)经济方法的概念

经济方法在人类管理中是最经常使用的方法之一,具体来说,以客观经济规律为主要依据,运用各种经济手段,调节各种不同的经济利益之间的关系,以获得较高的经济效益与社会效益的管理方法,就是所谓的经济方法。具体来说,这里所说的各种经济手段,主要包括价格、税收、信贷、工资、利润、奖金、罚款以及经济合同等。不同的经济手段在不同的领域中,所发挥的作用也不同。

通过经济方法的运用,不仅对于提高经济效益、强化管理职能有利,同时,对于适当分权、客观地考核管理效果也是非常有帮助的。

(二)经济方法的特点

经济方法具有非常显著的特点,具体来说,主要表现在以下几个方面。

1.间接性特点

这里所说的间接性特点,主要在对被管理方发生作用方面得到体现。行政方法和法律方法都是对管理客体产生直接影响和作用的管理手段,而经济方法不同,它是通过利益机制引导被管理者追求某种利益,对被管理者行为产生间接影响的一种管理方式,这种利益引导而非强制的方法,使管理者的行为具有自愿和选择的余地,对于调动被管理者的主动性与积极性是有所助益的。

2.有偿性

运用经济方法,需要满足两个方面的条件:一方面,组织之间的经济往来应根据等价交换原则,实行有偿交换,如运动人才的代培,科研成果的转让,体育场地使用等;另一方面,在对个体的管理上,对劳动成果与报酬之间的关系非常重视。因此,这就要求在体育管理工作中运用经济方法,必须注重多种方法的综合运用,强化思想教育,使体育团体的广大员工围绕共同目标而团结奋斗。

3.关联性

在体育管理中运用经济方法,不仅具有较为宽泛的影响面,涉及多种多样的因素,而且每一种经济手段的变化都有可能引发其他有关方面的连锁反应。例如,对不同层次体育竞赛中优胜运动员、教练员的奖励问题,体育场馆的承包机制等。因此,这就要求在管理中运用经济方法,要对具体管理对象的特殊性质有较为准确的把握,注重对未来发展的预测,将其应有的作用充分发挥出来。

4.灵活性

经济方法具有灵活性的显著特点,具体来说,主要从两个方面得到体现。一方面,经济方法针对不同的对象,可以采用不同的方式。另一方面,对于同一对象,在不同的条件下可以采用不同的方式进行管理,以适应不同的情况与形势。

(三)经济方法在体育管理中的运用

在现代体育管理中运用经济方法,需要做到以下几个方面的要求。

1.将经济方法的应用范围与条件明确下来

随着社会主义市场经济和体育产业的发展,体育领域中经济方法的运用范围正在不断扩大。可以说,经济方法在任何性质的体育部门中都是适用的。

体育管理中运用经济方法需要具备的条件为:第一,必须不断强化广大体育管理者的经济意识,使之确立牢固的社会主义市场经济观念,认真分析管理中存在的各种经济活动、经济关系和经济利益,并以效益的高低作为检验管理效果的主要标准;第二,要做好组织内部有关标准化、定额、计量、信息、规章制度等基础管理工作,这样才能使经济方法的应用得到有力的保证。

2.充分发挥各种经济杠杆各自作用的同时,对整体上的协调配合加以重视

如果忽视综合运用,孤立地运用单一的杠杆,往往不能取得预期的效果。例如,价格杠杆对生产和消费同时有方向相反的调节作用。提高价格还可以促进生产,但会抑制消费。但在经济生活中有些产品具有特殊的性质,因而,仅凭单一的价格杠杆就难以奏效,这就要求一定要综合运用一组杠杆。

3.灵活选用各种经济手段并使其进一步完善,将员工的积极性充分激发出来

从大量的实践中可以得知,如果员工的个人利益不能同组织的管理效果及其本人的工作绩效相联系,那么,就会丧失经济杠杆的调节作用,同时,还会挫伤员工的积极性。由于体育工作不属于单纯的物质生产领域,某些经济手段的运用尚有一定的局限性,因而需要我们有选择的灵活运用并不断完善各种经济手段。

4.综合使用经济方法和教育等方法

除了物质需要以外,人们还有更多的精神和社会方面的需要,在现代生产力迅速发展的条件下,物质利益的刺激作用将逐渐减弱,人们更需要接受教育,从而使知识水平和思想修养得到有效的提高。另外,如果单纯地使用经济方法,易导致讨价还价,"一切向钱看"的不良倾向,易助长本位主义、个人主义思想。因此,这就要求一定要与教育方法有机结合起来,做好精神文明建设。

四、宣传教育方法

(一)宣传教育方法的概念

运用各种宣传手段和思想教育方式,为管理决策的实施创造舆论环境,利用信息动力和精神动力调动人们的积极性,以顺利达到组织目标的方法,就是所谓的体育管理的宣传教育方法。

从实质上说,体育管理的宣传教育方法包含的内容主要有两个方面:一方面,是开展思想教育工作,为人们树立远大的理想和坚定的信念提供一定的帮助,使体育组织的整体目标内化为每一个组织成员的具体目标;另一方面,是通过各种宣传手段的运用,对体育发展的战略目标、方针、政策、措施和制度进行广泛的宣传,使人们对其实质和内容有充分的了解,统一全体人员的思想,为管理决策的顺利实施创造一个良好的环境。这里需要强调的

是,宣传与教育在实际管理中是经常联系在一起的。

(二)宣传教育方法的特点

宣传教育方法本身也具有非常显著的特点,具体来说,主要表现在以下几个方面。

1.广泛性和多样性特点

宣传教育的对象是具有不同社会思想的人,人们的年龄、职业、素质的不同,决定了他们的思想状况特点也有所差别,同一类别的对象的层次也是不同的;在同一层次对象中,也会因人而异,呈现出不同的差别性。因此,宣传教育的对象是范围极其广泛的,分类极其复杂,思想呈现丰富多彩的差异而又不断变化发展的人,这就在一定程度上对宣传教育方法必须广泛应用并采取多种多样的形式起到重要的决定性作用。

2.先行性特点

任何一项管理决策的实施,都须先向群众进行广泛的宣传和教育。通过宣传教育,不仅能够使群众对其有充分的了解,对自己如何配合行动加以思考,为管理决策的落实创造良好的条件;而且还能够通过事先对人们可能产生的各种反应加以预测,制定并采取各种预防措施,从而使其正面效应得到进一步强化,对可能产生的不良效应起到一定的抑制作用。

3.滞后性特点

滞后性这一特点主要从思想教育中得到显著的体现。思想教育的大量工作往往是在事情发生之后或有苗头的时候进行的,这种"补救性"工作相较于事情的客观存在往往是较为滞后的,它与人们的认识是对客观事物的反映之规律是一致的。滞后性特点要求管理者注重提高对可能发生问题的预判及防范能力,对已发生的问题则要实事求是,反应敏捷,及时处理。

4. 长期性特点

宣传教育方法的长期性特点,主要在其工作的长期性和效果的长期性上得到体现。宣传教育工作的主要目的在于改变人们的观点以至于世界观,这不是一时一刻能做到的。教育要深入细致地工作,教育工作要经常化。

5. 疏导性特点

开展宣传教育,必须动之以情、晓之以理、导之以行,使人们的自觉性得到有效的启发。对思想问题采取回避或捂堵的方式是不能奏效的,只有因势利导才能收到教育实效。

(三)宣传教育方法的形式

宣传教育的形式是多种多样的,其中,最为常见的主要有以下几种。

1. 系统的理论教育

这是一种最基本的形式,其主要目的在于提高被管理者的思想政治素质。

2. 对比教育

通过对比,鉴别是非,区分优劣,从而使人们的思想认识得到有效提高。

3. 谈心教育

这一形式能深入细致地了解思想问题,同时,还能使相关的问题得到较好的解决。

4. 预防教育

重视事先诱导,做到防患于未然。

5.养成教育

培养好的习惯,树立好的作风,形成好的传统。

6.配合教育

各方面互相配合,协同教育。

(四)宣传教育方法在体育管理中的运用

1.将宣传教育方法的应用范围与条件明确下来

宣传教育方法的应用范围是非常广泛的,其不仅能够在发展体育事业的各项管理工作中成为一种必不可少的重要方法,而且其还是一种有效的管理方法,它还对其他管理方法的实施具有很大的辅助支持作用。但是需要强调的是,宣传教育方法的运用要想取得理想的效果,往往需要与其他管理方法综合运用才能实现。

在现代体育管理中运用宣传教育方法,需要具备的条件有:第一,培养和建立良好的集体心理氛围,这是运用宣传教育方法最重要的前提条件;第二,必须建立一支强有力的政工干部队伍,从而使宣传教育得到进一步的加强。这支队伍的政治素质、业务能力、知识结构和表率作用等,都会对宣传教育效果产生决定性的影响。

2.通过思想教育的积极开展,使人们的精神动力得到更好的挖掘

人的一切活动都是受思想支配的,因此,思想教育的根本任务就在于充分开发人们的"精神资源",使之汇集到共同的理想和目标上来。正确的思想教育工作,必须把人作为第一因素,坚持以马列主义为指导,采用多种教育方式,努力在员工中培养和形成正确的价值观念、道德规范和行为准则,促使每个人的内在潜力和创造热情最大限度地发挥出来。

3.通过各种宣传手段的综合运用,促使管理对象对自己的行为加以调节

宣传教育工作是通过语言、文字、形象等,利用信息动力对被管理者的觉悟进行启发的,并且还要将其积极性充分调动起来,从而为管理决策的顺利实施创造良好条件。因此,开展宣传教育工作,应该将各种宣传工具充分利用起来,努力创造良好的舆论环境。积极开展评比竞赛活动,将人们积极向上的心理和行为充分激发出来。通过榜样力量的合理运用,为人们提供上进的方向,使宣传教育工作产生综合、连锁的反应,进而使管理效果得到有效的提高。

第五章 学校体育管理

在学校体育教学中,教学质量的提高与管理部门的工作水平有着直接的关系,加强学校体育管理水平对学校体育教学的发展具有非常重要的意义。学校体育管理包含的内容众多,其中体育课程管理、体育教学活动管理、课余体育活动管理、体育器材管理、体育经费管理等是其重要组成部分。本章重点对学校体育管理工作中的相关内容做出细致地研究与分析。

第一节 学校体育管理概述

为了实现学校体育教育的目标和任务,学校相关部门及领导必须高度重视体育管理工作,制定一个行之有效的工作方案或计划,以保证体育管理工作的顺利进行。

一、学校体育管理的概念与目的

(一)学校体育管理的概念

关于学校体育管理的概念,诸多学者及专家都有自己的见解。

谢蔡义在《试论学校体育管理》一文中指出:"学校体育管理是学校体育的组织和领导者根据学校体育工作的发展规律,为了实现学校体育的目的和任务,对学校体育工作进行有效的计划、实施和控制以及组织建设和制定章法等。它是一项由控制、决策、执行、监督、信息反馈机构等所组成的系统工程。"①

---

① 谢蔡义.试论学校体育管理[J].广东民族学院学报(社会科学版),1989(1).

　　张瑞林在《体育管理学》一书中分析："学校体育管理是在遵循学校教育规律和运动规律的基础上，为了达到学校体育管理的目标，充分发挥有限的人力、财力、物力、信息和时间等因素的作用，采用最佳的手段和方法，对学校体育工作的过程及其外部各种因素与环境条件所进行的计划、组织、领导、控制和创新等一系列综合活动。"①

　　周登嵩在《学校体育学》中指出："学校体育管理是在一定的管理依据、方法下所进行的体育管理活动。"②

　　除此之外，还有一部分学者将学校体育管理称为体育教育管理，把体育教育管理解释为："为贯彻教育方针，实现培养目标，根据体育教育的目的、任务及其规律，对体育教育系统所进行的计划、组织、控制的过程，体育教育管理包括体育教育行政工作管理和学校体育工作管理两大部分。"

　　综合以上诸位学者及专家的见解，我们可以对学校体育管理的概念做一下总结：首先，学校体育管理属于一个部门管理，具有一般管理的特征，即"实施管理职能，实现管理目标"。其次，学校体育管理的对象是学校体育工作，学校体育管理兼有教育和体育的基本规律。最后，学校体育管理的主要目的是实现学校体育工作的目标。

　　据此，我们可以将学校体育管理定义为：学校体育的组织和管理者依据教育、体育和管理的规律，通过实施决策、计划、组织、领导、控制、创新等管理职能，发挥人力、财力、物力等资源的合力作用，有效地实现学校体育目的。

（二）学校体育管理的目的

　　在学校体育管理工作中，事先要确定体育管理的主要目的，确定目的有两个方面的依据：第一，根据国家制定的方针、政策等确定学校体育管理的目的；第二，根据体育教育的特点和规律等确定体育管理的目的。而学校体育管理的目的则主要分为学校

① 张瑞林，秦椿林.体育管理学［M］.2版.北京：高等教育出版社，2008.
② 周登嵩.学校体育学［M］.北京：人民体育出版社，2004.

体育工作管理目的和体育专业与学科建设的目的两个方面。

1.学校体育工作管理的目的

《中华人民共和国教育法》对我国的教育方针做了如下规定：
"教育必须为社会主义现代化建设服务，必须与生产劳动相结合，培养德、智、体等方面全面发展的社会主义事业的建设者和接班人。"除此之外，教育部制定和颁布的《学校体育工作条例》也提出了学校体育的工作任务，即"增进学生身心健康，培养学生运动能力和习惯；提高学生运动水平，为国家培养大量高质量的体育运动后备人才；培养学生顽强的拼搏精神和集体主义精神"。

从以上相关教育方针、政策中可以看出，学校体育工作的管理要做到"一育"和"一科"。"一育"是指素质教育中的体育，不仅仅包括体育，还包括德育、智育、美育等内容，这是学生全面发展的要求，也是学校体育工作的宏观目标，即通过素质教育实现学生的全方面发展。"一科"即体育科目，体育教学包括多方面的内容，主要有课堂教学、课外活动、业余训练和竞赛等。在《中小学体育与健康课程标准》和《全国普通高等学校体育课程教学指导纲要》中提出了体育课程的目标，即体育科目的目标。根据以上两个课程标准，大、中、小学的体育课程目标分为课程目标、领域目标、水平目标和效果目标。总体上确定体育科目的目标，然后可将科目目标分解为运动参与、运动技能、身体健康、心理健康和社会适应等领域目标，再根据年龄和生理特点的不同划分为中小学的六个水平目标和大学阶段的基本目标与发展目标，最终将水平目标落实到效果上，制定效果目标。因此，学校体育工作的目标宏观上是体育的目标，微观上则是体育科目的目标。

2.体育专业与学科建设的目的

在学校体育教育中，体育专业与学科建设是非常重要的组成部分，其主要目标有：第一，培养高质量的体育专业人才；第二，开展体育科学研究，提高体育科研水平；第三，促进体育事业发展和社会经济发展；第四，传承与发展体育文化。

综上所述,学校体育管理的目的应该是通过管理学校体育工作和体育专业与学科建设,实现学校体育和体育专业与学科建设的目标。

二、学校体育管理的规律

(一)学校工作规律

萧宗六在《学校管理学》一书中提出了学校工作的基本规律:"教学为主、全面发展、依靠教师。教学为主是指学校一切工作要做到以教学为中心,这是由学校性质和使命决定的,教学为主要求学校按照课程标准、课程计划和教学大纲实施教学工作,将课堂教学作为教学的基本组织形式,学校其他工作的开展要服务于教学工作。全面发展就是指实现学生的德、智、体全面发展,这是我国教育方针的基本要求,实践也证明,只有全面发展才能塑造合格的人才,全面发展要求将学生的德育、智育和体育放到同等重要的地位。依靠教师是指发挥教师的作用,依靠教师完成学校工作任务,实现人才培养的目标。"[①]

(二)教育规律与体育规律

葛春林等学者在《教育规律与体育规律及其关系》一文中研究了教育规律、体育规律和体育教学的规律,认为:"教育规律包括教育与社会关系的规律和教育与人的发展关系规律。教育与社会关系的规律是指教育受一定社会的政治、经济、文化所制约,并为一定社会的政治、经济、文化的发展服务。教育与人的发展关系的规律是指遗传、环境和教育是影响人身心发展的三大要素,教育必须依据这三个因素。体育规律包括体育事业发展规律、群众体育普及规律、竞技体育制胜规律、体育产业运作规律和学校体育适应学生身心发展的规律。体育教学的规律包括运动技能形成规律、运动负荷变化与控制的规律、体育知识学习和运

---

① 萧宗六.学校管理学 [M].3 版.北京:人民教育出版社,2001.

动认知的规律、体验运动乐趣的规律,也包含一定运动训练和竞赛的规律。"[①]

(三)学校体育管理规律

依据学校工作规律、教育规律、体育规律,并结合系统原理、人本原理、动态原理等内容,将这些规律和原理运用到学校体育管理工作中,可以得出学校体育管理的规律,即体教为主、以人为本、健康第一、素质教育、终身体育。

第一,体教为主。即实现学校体育目标的主要途径是体育教学,在开展学校体育工作的过程中,必须要将体育教学放在首位,各项工作都必须服务于体育教学。

第二,以人为本。即在开展学校体育管理工作的过程中,要体现学生的主体地位,一切为学生着想,满足学生的体育学习需求。

第三,健康第一。即在学校体育管理工作中,任何活动的进行都要以"三维健康观"为指导,通过学校体育工作促进学生身体素质的发展。

第四,素质教育。即通过学校体育管理工作促进学生德、智、体、美等素质的全面发展。

第五,终身体育。即学校体育管理工作要注重帮助学生树立终身体育的意识,培养学生终身体育习惯,让体育教育贯穿于学生的一生。

三、学校体育管理的方法

学校体育管理的方法是指为了实现学校体育管理预定目标,保证学校体育管理顺利进行而采取的各种途径和手段。按照学校体育管理方法的层次划分,可将学校体育管理的方法分为宏观方法、中观方法和微观方法三大类。

---

① 葛春林,唐建军等.教育规律与体育规律及其关系[J].北京体育大学学报,2007,30(1).

（一）宏观方法

宏观方法又称哲学方法，是以马克思主义哲学为指导的哲学体系，它是世界观和方法论的辩证统一，具有普遍的适用性，能涵盖一切领域。宏观方法，即哲学方法可以为学校体育管理工作提供正确的思维方式，用哲学的原则解决管理工作中遇到的各种问题。

（二）中观方法

中观方法可以理解为一般方法，即开展学校体育管理工作的一般方法，主要包括定性管理方法、定量管理方法和综合性管理方法。

定性管理方法是通过事物的内在规律和特点管理事物的一种方法，具有快速、灵活的优点，但同时也具有主观性强、精确性差的缺点，行政类管理方法就属于这一管理方法。

定量管理方法是把一些可以量化的要素引入管理，或者使用可量化的模型去解决某些问题，如经济类管理方法。定量方法具有精确、科学的优点，但是存在数据难以获得、开放性不足的问题。

综合性管理方法就是将定性管理方法和定量管理方法结合起来运用的一种方法，这种方法综合了以上两种方法的优点，避开了它们的缺点，因此具有较强的科学性和可操作性，在学校体育管理工作中，这种方法值得大力提倡。

（三）微观方法

微观方法就是为解决学校体育管理的具体问题而采取的措施和途径。按照作用的原理不同，学校体育管理微观方法包括行政类管理法、法律制度类管理法、经济类管理法和社会心理类管理方法。每一类方法又有具体的方法，形成一个有机的整体，管理者可合理选择与利用。

1.行政类管理法

行政类管理法是指学校体育行政机构依靠行政权责,借助于命令、计划、指挥等行政手段,实现体育管理目标的一种方法。行政方法具有强制性、权威性、无偿性、高效性等多方面的特点。如果运用得当,能很好地提高学校体育管理工作的效率,促进学校体育教育的发展。

合理运用行政类管理方法,能快速、高效地处理学校体育事务,及时解决学校体育工作中出现的各种意外事件。由于行政管理方法具有强制性、无偿性的特点,因此在管理工作中被管理者容易出现一定的抵触情绪,而且管理的有效性在很大程度上取决于领导者的管理水平,受主观因素的影响较大。因此,行政类管理方法要结合其他管理方法使用才能获得理想的管理效果。通常来说,现代行政管理方法主要有目标管理法、标杆管理法、行政全面质量管理法等多种形式,在学校体育管理工作中,这种管理方法占据着一席之地。

2.法律制度类管理法

法律制度类管理法是指借助各级学校体育行政管理部门的法律法规和学校的规章制度,管理学校体育教学工作,实现体育管理目标的方法。该方法具有强制性、规范性和稳定性的特点,合理使用这一方法能有效解决体育管理工作中的共性问题,保证学校体育工作的正常开展,但是该方法也有一定的局限性和缺点,它不能解决特殊问题,灵活性较差,要结合其他管理方法综合运用。

3.经济管理法

经济管理法是指学校体育管理中借助于经济手段调节控制学校体育工作各方面利益关系,激发被管理者的积极性,实现学校体育管理目标的方法。该方法具有普遍性、持久性和灵活性等特点,合理利用这一方法能有效地协调体育教学活动中人与人之间、人与组织之间的关系,促使被管理者积极投入到学习和工作之中。例如,通过设置训练竞赛经费、福利和奖金等促进课余训练和竞赛水平的提升;利用专项活动经费支持"阳光体育运动",促进课外体育活动的开展。要想使经济管理法能够有效地发挥作用,必须要做好基础定额、科学计量、实施奖惩工作,运用数学计量法实施管理。一般来说,经济管理法具有一定的自发性,容易导致过度追求经济利益而出现不利于未来发展的情况,如体育竞赛中的年龄造假问题就属于这类行为。因此,经济管理法要与其他方法结合运用,这样才能实现自身的最大价值。

4.社会心理类管理法

社会心理类管理法就是依据社会学和心理学原理的客观规律,在学校体育教育工作中运用教育、宣传、激励等手段营造一个良好的教学环境与氛围,实现体育管理目标的方法。该方法具有思想性、灵活性和滞后性的特点,在运用这种方法的过程中,管理者要善于宣传和沟通,结合被管理对象的心理需求开展各项工作。社会心理类管理法运用的范围比较广泛,比较灵活和自由,但这种方法自身的缺陷也决定了其必须要与其他管理方法结合运用才能实现最大的功效。

第二节　学校体育管理的基本内容

具体而言,学校体育管理的内容主要包括体育课程管理、体育教学活动管理、课余体育活动管理、体育器材管理、体育经费管理和学校体育俱乐部管理等几个方面。下面主要对此做出重点研究。

一、体育课程管理

我国教育部很早之前就进行了体育课程管理的尝试,早在

2001年，教育部颁发了《基础教育课程改革纲要（试行）》，由此掀开了我国基础教育课程改革的序幕。在这次基础教育课程改革中，原来由国家教育行政主管部门制定的体育教学大纲被《体育（与健康）课程标准》所替代，从此我国的体育课程教学模式发生了非常重大的变化。国家、地方、学校三级管理体制成为其中的重点。三级课程管理体制既有利于国家的宏观管理和指导，也有利于地方学校自主性和灵活性的发挥，这对于我国学校体育课程的改革与建设具有非常重要的意义。

在三级课程管理体制中，国家、地方和学校三级所履行的职权存在着较大的不同。教育部总体规划基础教育课程，制定基础教育课程管理政策，确定国家课程门类和课时，制定多项国家课程标准，积极试行新的课程评价制度。国家对课程的管理主要体现为制定了《体育（与健康）课程标准》，但为了与我国各地区之间的差异相适应，并没有对教学内容做出具体详细的规定，只是提出了相关的要求，这为各校选择教学内容留下了较大的空间。

省、市教育行政部门以国家课程管理政策和本地实际情况为依据，制定本省（自治区、直辖市）实施国家课程的计划，规划地方课程，报教育部备案并组织实施。经教育部批准，省、市级教育行政部门可单独制定本省（自治区、直辖市）范围内使用的课程计划。地方对体育课程的管理主要体现为各省、自治区、直辖市教育行政部门根据《体育（与健康）课程标准》，并与本地区的具体情况相结合，制定出本地区的课程实施方案，报教育部备案并在本地区范围内组织实施。

学校在依据国家和地方课程要求制定教学规划时，应密切联系当地的具体实际进行，将本校的特色和优势与学生的兴趣和需要相结合，开发出与本校特色相适合的体育课程。这样制定出的体育课程才能吸引大多数学生，符合学校体育教学的具体实际，从而促进本校体育教学的极大发展。

二、体育教学活动管理

（一）体育教学文件的管理

在体育教学活动管理中，体育教学文件管理是非常重要的一方面。体育教学文件除了指国家的教育方针，上级部门颁发的各种教学法令、条例、规定外，还包括学校体育教学工作计划，教学方案和教学规划等内容。

1. 学习研讨

学习研讨是指提出指导性意见，组织学习研讨。管理部门在制定具体的教学文件前，体育机构和体育教研室（组）必须要按照上级主管部门对本校体育教学活动的要求，对体育教学文件的制定提出一定的意见和要求，要求在体育教学文件中体现出教学指导思想、教学任务、教学目标等内容。另外，学校体育部门相关工作人员还应组织学校的体育教师仔细地分析教学计划和教学大纲，以便制定出符合本校具体实际的教学文件。

2. 具体制定

经过一定的学习和研讨之后，学校应就教学文件做好具体的规划。然后进行教学文件制定的准备工作，最后体育教师领导相关人员进行体育教学计划文件的制定。在这一过程中，体育机构或教学主管部门需要印制一份统一的教学计划表格，以便制定过程能够更加规范，也有助于制定后检查工作的开展。计划文件初步制定完成后，学校应组织具体部门集体讨论与审议，协调与调整教学计划中场地器材的安排和各年级教材出现时间的顺序等。计划文件制定完成后，学校还应依照规定的手续将其交给教研室（组）负责人审核批准，审批通过后才能展开具体的实施工作。

3. 逐项实施

制定好体育教学计划后，还应根据教学计划逐项展开实施工作。在实施教学计划的过程中,学校必须严格规范执行过程,不能随意变动。学校体育管理相关工作人员还应就计划的落实情况进行监督和检查。如发生特殊情况,要及时向学校体育教研室(组)申述,相关领导会根据具体情况展开下一步的工作。

4.分类整理

学校相关部门要针对各项教学计划进行分类整理工作,并存档保管,以备日后的查询与研究。分类整理工作的作用非常重要,作为学校体育管理者而言,且不能忽视。

(二)体育教学教务管理

体育教学的教务管理主要由学校的教务部门统一实施和管理,在具体的工作管理中,体育教研室应主动配合学校相关部门的工作展开教务管理。一般来说,体育教学的教务管理主要分为编班、安排体育课的课表以及控制体育教学三个部分。

1.编班

体育教学编班是一项非常重要的工作。在具体编班的过程中,学校应充分考虑体育教学的特性,做到以下两点:第一,在进行混合编班时,学校应尽最大可能地安排各班体育基础好与差的学生的比例,班级人数应控制在 50 人左右。第二,如果条件允许,最好能够按性别的不同将班级分为男班或女班,或按体育基础的不同,分为初级班、中级班和高级班,这样能保证体育教学活动的顺利开展。

2.安排体育课的课表

一般情况下,考虑到体育教学活动的特性,在安排体育课的课表时,最好将体育课安排在上午的第三节和下午。此外,还应注意同一个班每周的各次体育课之间的间隔时间保持在合理的范围之内,如果教学的进度相同或者内容一致,可将各班级统一起来上课。另外,安排需要器材的体育教学活动的时候最好是接连安排,这样能保证体育场地和体育器材得到合理的利用。

3.控制体育教学过程

体育教学目标能否实现,体育教学计划能否顺利实施等,都在一定程度上取决于体育教学的过程,作为学校体育教学的管理者要密切注意学生体育教学能不能顺利实施,在很大程度上都决定于学校能否有针对性、适时性、客观性、灵活性、经济性和特殊性地控制体育教学的过程。

在体育教学实践过程中,已经制定或完成的教学计划常常存在着一定的问题,在执行的过程中会产生一定的矛盾。例如,在上体育课时,发现某一考试标准可能定得过高,致使绝大多数学生不能通过考试;教学设施和器材等不能满足当前的教学需要等,这些都会导致无法在规定的时间内完成教学计划。这些问题都会对体育教学活动产生阻碍影响,假如在教学过程中能够及时地发现和反馈这些问题,找出产生矛盾的原因,消除这些问题,就不会影响体育教学活动的顺利开展。由此可见,控制体育教学过程对于教务管理而言具有十分重要的意义。

(三)体育教学课堂管理

1.备课的管理

体育教师在上课前,一定要做好备课工作。对备课的管理职责主要体现在对教师的个人备课提出明确要求上,如学校要求体育教师的教案应该规范,明确备课的目标和任务等。此外,学校还应关注体育教师的备课情况,对教师进行突击检查。在现代教育背景下,学校应加强体育教师的备课管理,组织适当的集体备课,建立一个科学、合理的集体备课制度,这样能促进教师自身教学水平的发展和提高。

2.上课的管理

在体育教学活动管理中,上课管理主要包括三个方面:第一,学校相关部门要关心与支持体育课教学,并提出一定的要求。第二,相关部门及领导应深入课堂,去看课或听课,对体育课堂进行检查与督导,敦促体育教学质量的提高。第三,学校相关部门要帮助体育教师及时解决各种问题,为学生的学习营造一个良好的学习环境。

3.课后的管理

下课后,应要求并督促教师认真开展课后小结,及时听取反馈意见,针对教学过程中出现的各种问题展开探讨,及时解决问题,为今后的学习做好准备。

(四)体育课成绩考核的管理

体育成绩考核也是体育教学管理的一个重要方面。一般来说,体育课成绩的考核管理主要分为体育教研室(组)和体育教师对体育成绩考核的管理两个方面。

1.体育教研室(组)对体育课成绩考核的管理

在体育教学管理中,体育教研室(组)对体育课成绩考核的管理主要是按照体育教学大纲的要求,并结合学生的具体实际,组织讨论并制定体育课成绩考核的项目、内容、评分标准等。在制定成绩考核的过程中,要求教师必须正确对待考核工作,制定科学合理的考核标准,如此得出的考核结果才是客观和有效的。

2.体育教师对体育课成绩考核的管理

根据学校教研室的相关要求,体育教师应认真开展体育课成绩考核的实施工作。熟练掌握成绩考核的办法与标准,对学生进行客观真实的测评,考核后的成绩要做好记录,并按规定程序将成绩上报给学校相关部门。

(五)意外伤害事故管理

学校体育意外伤害事故指的是在学校体育教育教学活动开

展的过程中所发生的学生人身伤害或者死亡事故。^① 学校体育教学活动中意外事故的管理，要做到"预防为主，安全第一"；另外，还要做好意外伤害事故的现场处理工作。

1.强化意外伤害事故的预防意识

要做好意外伤害事故的管理工作，首先要强化学生的预防意识。这突出体现在以下几个方面。

（1）学校应按照国家和省、市有关规定，检查学校体育教学相关设施、设备的安全是否符合国家标准，是否存在着安全隐患。

（2）学校应监督教师严格履行职责，预防意外伤害事故的发生。

（3）学校应根据学生的特点，建立健全各种保护学生安全的规章制度。

（4）学校相关部门应采取先进的安保措施，为学生营造一个安全的体育运动环境和氛围。

（5）学校相关部门应做好教学活动安全的检查工作，杜绝一切危害安全的因素。

2.做好意外伤害事故的现场处理及管理

学校要做好意外伤害事故的现场处理及管理，主要从以下几方面入手。

（1）根据意外伤害事故的性质确定抢救措施，以免出现救治不力的现象。

（2）及时通报事故发生的时间、地点、原因、后果与处理措施等，以引起全体学生的注意。

（3）及时做好意外伤害事故的报告，要实事求是的进行报道。

三、课余体育活动管理

一般来说，学校课外体育活动的内容主要包括课间操、早操，

---

① 龚坚,张新.体育教育学[M].重庆:西南大学出版社,2006.

班级体育锻炼，课余体育锻炼等几个部分。

（一）对课间操、早操的管理

关于课间操、早操的管理，学校应根据事先制定的规章制度组织开展活动，要结合学校的具体实际情况进行。具体而言，在课间操、早操的场地器材的安排上，学校可运用集体与分散相结合的方法进行管理；在课间操、早操的项目内容的确定上，学校可运用统一安排和自选相结合的方法进行管理；在课间操、早操的管理上，学校可运用学生干部、班主任、体育教师相配合的方法进行管理；在课间操、早操的活动效果上，学校可运用平时考勤与抽查评比相结合的方法进行管理。采取以上措施和手段能基本上保证课间操和早操等活动的顺利进行。

除此之外，在课间操、早操管理方面，还要充分发挥学生干部的重要作用；做好课间操、早操的宣传教育工作，帮助学生充分认识到"两操"的重要性，促使学生自觉参与运动锻炼。

（二）对班级体育运动锻炼的管理

通常情况下，在学校体育教育中，班级体育锻炼主要是以班为单位分成若干小组进行的，这些小组在教师或者班干部的带领下进行体育活动。在活动的过程中，体育教师对学生进行指导和管理，这样能取得良好的锻炼效果。由于班级体育锻炼在时间、内容、组织和生理负荷等方面都提出了许多要求，所以，在进行班级体育训练活动的管理时，可将锻炼内容与体育课教学内容相结合，以"标准"为中心选择具体的项目开展锻炼，也可以将体育训练与学校传统项目和学生感兴趣，且简单易行的非正规项目，以及游戏、校外体育活动等结合起来，这样能极大地激发学生参加体育运动锻炼的兴趣，对于学生运动水平的提高具有非常重要的作用。

（三）对课余运动锻炼的管理

一般来说，课余运动锻炼主要是指"体育节"期间进行的体育运动锻炼。在我国学校体育教育中,体育节主要包含"体育周"和"体育日"(健康日)两种形式。

"体育周"是指集中利用一周时间,对学生进行课余体育训练,或组织各种宣传教育、锻炼、运动会等活动。常见的体育节有体育专题报告、体育讲座、体育知识竞赛、体育表演、运动会、体育游戏等。学校应将"体育节"活动列入学校体育工作计划,并对其进行组织与管理。

在"体育日"期间,通常会有一些专题性的体育主题活动,这种活动既可以是以学校为单位,也可以是以年级、班级为单位,其目的都是为了给学生提供良好的运动锻炼机会,提高学生的运动能力,发展身体素质。

四、体育场地器材管理

(一)体育器材的种类

在体育教学中,体育器材一般可以划分为比赛器材、教学训练器材和一般性器材三个类别。

1.比赛器材

比赛器材必须要符合运动项目规则对器材的要求,如球类项目使用球的重量、直径或圆周、充气量和颜色等必须符合比赛规则的有关规定。此外,比赛器材的质量也非常重要,必须能保证运动员的安全。比如体操比赛用的单杠、吊环、跳马、鞍马、高低杠和平衡木等器械必须能承受比赛时的运动负荷。实践中选择比赛使用的器材设备还应考虑其耐用程度、使用的方便程度和美观程度等。

2.教学训练器材

教学训练用器材必须适应教学和训练的基本要求,其种类和数量必须要满足教学训练的需求。教学训练器材品种多数量大,且必须经久耐用,如田径运动的教学训练器材,一般有杠铃、哑铃、跳绳、铅球、铁饼等。对于一些过于陈旧的体育器材要及时淘汰更新，以免发生运动安全问题。

3.一般性器材

一般性器材是举办任何体育活动都离不开的器材，即通用性器材，一般情况下，最为常见的一般性器材主要有桌子、凳子、运输工具、修理工具等。

（二）体育器材的管理环节内容

加强体育器材的管理至关重要，缺少这一环节或者管理不善都将对体育教学或训练活动的开展产生直接的影响。

1.购置

体育器材设备的质量非常重要，它将直接影响到运动员的运动训练安全，影响训练水平和比赛成绩。生产使用器材设备的材料和工艺决定了它的质量。所以在购置器材设备时，要对生产厂家和选购的器材进行深入的了解和考察，严把质量关。由于一些国际单项协会对比赛器材设备上制造厂商的名称、标记或商标的字号、高度等有比较严格的规定，对此，在购置比赛用的器材设备时，更应按比赛规则的要求把关，看其是否符合比赛规则中的有关规定。如果不具备相关比赛的要求就要慎重购置，以免造成浪费。

2.入库管理

进入器材室或器材库的器材，应根据发货单进行验收，然后登记入库，通常采取填写器材登记表的形式登记器材设备。登记表应包括器材设备的名称、数量、单价、规格、入库时间等内容。

一般情况下，体育器材的保管大多采用分类保管的形式，必须要保证器材设备的质量不受影响。例如，跳高和撑竿跳高用的横杆、标枪等器材的保管，必须保证横杆和枪身不变形。多数器材应放在特制的架子上，大型的器材设备可置于干燥的地面上。

体育器材的种类众多,每一类器材的更新周期都是不同的。因此,为加强管理,便于维护,延长使用寿命,必须建立设备档案。首先,对器材进行分类编号,表示器材种类、使用部门、器材序号。其次,将相关的技术资料整理归类,即将设备的品种、名称、规格等有关资料按编号整理保存,以免发生混乱。

总的来说,每一种器材设备的保管方法都应符合该器材设备的特殊要求,在器材室或器材库醒目处都应该有本室存放器材设备的目录和地点,并做好相关记录。

3.日常管理

(1)制定体育器材使用的方法和制度

制定体育器材使用制度是体育器材管理中一项非常重要的措施,制度中必须要规定体育器材的借用手续、使用方法、归还方法和非正常损坏的赔偿办法等,以保证体育器材得到合理、安全的使用。

体育器材借用手续,多凭工作证、学生证或个人身份证办理,借用一些特殊的体育器材还应交付一定的押金。使用办法包括正确使用流程,禁止事项等。一些固定性的体育器材附近应注明使用的方法和注意事项。在一些体育器材的使用过程中,还应该做好现场指导、监督工作。体育器材使用后,应归还原处,在归还时,工作人员应核实归还数量与借出数量是否符合,器材有无损坏,并做好记录。体育器材如有非正常损坏的情况,应按规定做出适当的赔偿。

(2)制定清点检查器材设备的制度

为管理好器材设备,必须根据各种设备的特点建立清点检查器材设备的制度。通常对于所有器材设备来说,都必须有年终的清查、比赛前的清查和赛后的清查,清查是为了把不能继续使用的器材设备及时维修或报废更新。

(3)体育器材设备的维护和保养

体育器材设备种类繁多,其制作材料更是多种多样,有金属、木材、人造革、皮、橡胶、棕、毛、布和化纤材料等。器材设备的材料不同,其维护和保养的方法也存在着较大的差异。例如,对于金属制作的器材生锈问题,可以上漆或上油。针对木材制品防潮变形的问题,可以根据实际情况给其外表涂油漆、蜡封。皮革制品必须防潮,忌暴晒,长期保存必须涂保革油。凡用橡胶制作的器材设备要防止橡胶加速老化,禁止与油漆接触,忌存放在高温环境里。

许多体育器材设备,如单杠、双杠、高低杠、铁饼和链球的护笼等,都有一个安全使用的问题。而这些器材设备,达到了一定的耗损程度要及时更换。

电子设备不能长期放置不用,每过一定时间应进行试运转。体育器材的维护管理要科学地安排保养时间和保养内容,并把责任落实到具体的工作人员身上。总负责人要定期、不定期地检查器材的维护与管理工作,发现问题要及时解决,尽可能将危险程度降到最低。

五、学校体育俱乐部管理

一般来说,体育俱乐部主要有职业和业余两种形式,而学校体育俱乐部就属于业余性质。虽然是业余性质的,但是学校体育俱乐部的管理也应该规范和科学,也要制定一套完善的管理办法。

(一)加强学校体育俱乐部的宏观管理

学校体育俱乐部的管理涉及面较广,它与学校教学、后勤管理、财务管理、场馆管理等都有着密切的关系。因此,仅靠学校体育部门管理是不能解决众多问题和矛盾的,需要学校的各部门共同支持和配合,共同引导学校体育俱乐部走向成熟。因为学校体育俱乐部主要由会员进行管理,俱乐部的管理工作是提高学生领导能力、适应能力、管理能力、组织能力的最佳环境。因此可以通过俱乐部的管理鼓励学生学习新技术、新知识,满足学生学习体育的兴趣和需要,为学生的全面发展提供必要的条件。

(二)加强学校体育俱乐部的内部管理

建立一个健全的俱乐部内部规章制度对于学校体育俱乐部的发展而言具有重要的意义。要加强体育俱乐部的内部管理,首先要制定一个俱乐部长期有效的管理制度,在规章制度规定的范围内开展各种文体活动,以形成一个良好的运行机制。

1.制定体育俱乐部的管理目标

俱乐部管理目标应由所有的管理者和会员共同制定,在俱乐部目标实施的过程中,任何管理者和会员都无权对目标进行修改。俱乐部的管理目标要与本地区和本校的实际情况相符合,与会员的实际相符合,目标应具有可操作性,否则就没有意义。

除此之外,学校体育俱乐部的目标还应具体化。例如,会员的出勤率应该达到多少,对外参加比赛应该取得的名次,会员应该达到的运动量和运动技术提高的幅度等都应有具体目标。目标不能定得太高或太低,否则都将产生不利的影响。

2.加强体育俱乐部人力资源的管理

学校体育俱乐部的主要参与者是学生,因此各种措施和制度都应围绕学生参加体育运动锻炼的积极性而展开,发挥学生的各种专长,特别是发挥具有体育特长学生的骨干作用,以管理好体育俱乐部日常运作。

3.建立体育俱乐部的激励和约束机制

学校体育俱乐部还应该采取一定的精神激励和物质激励相结合的手段,鼓励学生积极参与体育俱乐部锻炼活动,俱乐部要定期或不定期地对表现突出的会员进行表扬,也可以采取评选优秀会员的办法,鼓励会员积极参加俱乐部组织的各种体育活动。通过各种渠道筹措一定的资金,对表现突出的会员给予一定的物质奖励,而对于参加体育俱乐部表现较差的会员,也要给予一定的批评教育。

六、学校体育经费管理

学校体育经费是开展学校体育工作的最基本的物质保障,因此,加强学校体育经费管理具有十分重要的意义。学校体育经费的使用和管理,主要分为收入管理和开支管理两个部分。学校体育经费的收入来源主要有事业拨款、学校筹措、社会集资和自行创收等。下面主要阐述体育场馆营业收入的核算方法。

(一)体育场馆营业收入管理

1.体育场馆营业收入的核算

(1)收入核算内容和方法

①单体项目营业收入核算。单体项目是指独立经营的单个项目,它们可以单独存在,同时又设有自己的配套商店、餐厅和相关设施,如健身房、台球厅、篮球馆等。这些单体项目其营业收入大多是主营项目为主,配套项目为辅,两者相结合。因此,单体项目营业收入的核算方法要求班组做好每日营业收入、单体项目收入的记录,每天的营业收入由接待员办理登记,收款员按体育场馆财务部规定收款,并做好登记。班组每位、每批消费者的每项收入都要分别按现金、签单挂账、信用卡、转账支票分类,并逐一做好记录。在此基础上,每日每班营业结束时,收款员必须填写好营业报表,最终完成当天当班的营业收入核算。

在班组每日营业报表和清点核对的基础上,将单体项目每日营业收入的原始记录、营业日报表交财务部收益核算会计。财务部会计人员逐项审核,然后分类核算单体项目的主营收入和副营收入。

②分类项目营业收入核算。一般情况下,在单体项目核算的基础上,收入核算会计将单体项目的核算资料和原始记录分别归入康体健身类、休闲放松类、餐饮类,经过逐项核对、审查、登记、算账,即可核算出分类项目的营业收入。

③部门营业收入核算。部门营业收入核算由财务部专业会

计人员负责。在分类项目营业收入核算的基础上,专业会计人员逐一审核分类项目营业收入的原始记录、营业报表、分类收入核算报表,然后汇总核算出场馆的营业收入,填制出相应的报表,最终完成部门营业收入核算。

④营业收入结构核算。营业收入结构核算指在一定时期(月、季、年)的单项收入或分类收入占分类或部门营业收入的比率。在单体项目和分类项目营业收入及部门收入核算的基础上进行分类汇总,最终完成部门营业收入结构核算。

⑤营业收入季节比率核算。营业收入季节比率核算指体育经营项目的月季营业收入占全年总收入的比率。核算营业收入季节比率,有利于分析各个体育健身项目业务经营的季节性变化,为体育场馆的计划编制、工作安排、客源市场开发和客源组织提供决策参考。

(2)费用核算内容和方法

体育场馆费用一般包括管理费用、营业费用和财务费用。

①管理费用核算。管理费用是指管理、经营体育场馆产生的各项费用。包括由体育场馆统一负担的管理人员工资及福利费、业务招待费、技术开发费、工会经费、职工教育经费、劳动保险费、涉外费、租赁费、咨询费、诉讼费、商标注册费等。

②营业费用核算。营业费用包括:经营人员工资、职工福利费、工作餐费、服装费、保险费、低值易耗品摊销、物料消耗、燃料费、水电费、洗涤费、清洁卫生费和其他营业费用。核算方法都是根据各项费用的实际发生额,以原始记录的报表形式统计汇总,最终完成核算。

③财务费用核算。体育场馆为筹集业务经营所需资金等而发生的各项费用即为财务费用。它包括利息支出、汇兑损失、金融机构手续费、加息及筹资发生的其他费用。

(3)利润核算内容和方法

体育场馆在一定期间的各种体育经营项目的收入与各项费用支出相抵后形成的经营成果即为利润。其核算内容和方法如下。

①利润额和利润率核算。营业利润＝主营业务收入－营业费用－管理费用－财务费用－营业税金及附加利润总额＝营业利润＋投资净收益＋营业外收支净额

利润净额＝利润总额－所得税

营业利润率＝（营业利润率÷营业总收入）×100％

营业利润是体育场馆经营成果的综合表现，它可以反映和监督场馆经营的实际成果。利润额和营业收入之间的比率以营业利润率为主。

②资金利润率及分解指标核算。

资金利用率＝（利润额÷固定和流动资金平均占用）×100％

固定资金利用率＝（利润额÷部门固定资金平均占用）×100％

流动资金利用率＝（利润率÷流动资金平均占用）×100％

体育场馆主要以设施设备和专业技术为消费者提供服务，体育项目一旦投入使用就要达到40％～50％以上的利用率。核算体育场馆设施的资金利润率及其分解指标，可以从侧面反映和监督设施和资金使用效果。

③劳动效果核算。

部门人均创利额＝部门利润额÷平均员工人数（年或月）

部门工资含量＝部门人事成本总额÷部门营业总收入

劳动效果核算可以反映和监督劳动部门劳动力使用的合理程度。

2.体育场馆营业收入的监控管理

在体育场馆管理中，做好体育场馆的控制、监管工作是体育场馆营业收入管理的一个非常重要的环节。

（1）体育场馆营业状况的预计与管理

通常情况下，大型体育场馆的营业收入一般由财务部门独立管理，并设专职的收款员；小型体育场馆则是由专人收款或由特定的服务员兼任收款员。从理论上讲，由财务部门独立管理并设立专职收款员岗位更符合规范。一般体育场馆经营因规模和管理模式不同，收款管理方式会有所不同，或者设专职收款员，或者

由服务员兼任收款员,再上交财务部门,收款过程由财务部门和体育场馆经营部门共同管理。

①收款员岗位的设置。收款员的主要工作内容为:办理货币资金和各种票据的收入,保证自己经手的货币资金和票据的安全与完整。也要填制和审核许多原始凭证。各种票据和货币资金的收入,特别是货币资金的收入,通常要转交给专职出纳。此外,收款员(收银员)的工作过程是收入、保管、核对与上交,一般不专门设置账户进行核算。

②收款的管理。收款的管理包括安排合理收款地点、设计科学的收费单据、加强稽核管理。

第一,安排合理收款地点。体育营业收入管理的主要任务就是在人们消费时收款。安排合理收款地点是为了准确、快捷地收费。体育场馆营业收入的收款地点由于场馆规模与管理体制的不同,设置方式也不同。一般体育场馆为了便于顾客交费,考虑多设置收款台,甚至每个活动项目都设收款台。在大型体育场馆,一般多采用一次性结账的收款方式。

第二,设计科学的收费单据。在设计体育营业收入管理表单时,应包括所需要的全部管理内容,但应注意简洁、明了,避免复杂。另外,还应该注意能让填写者准确理解填写要求,避免模棱两可或含义不清的用词。表单的设计应尽量规范、美观,便于保管和查阅。

第三,加强稽核管理。稽核是指对账目的查对计算。一般而言,稽核人员的职责主要是监督和检查收款员的工作,负责查对核算收款员的账目,负责票据以及代用币的清理查收。一些大型体育场馆往往设有专职的稽核小组,中小型体育场馆经营的稽核人员一般是专职或兼职形式。

(2)制定严谨的科学收款制度

①收款员职业道德。收款员与其他会计人员相比较,更应严格地遵守职业道德。除此之外,收款员还应做到以下两点。

第一,要清正廉洁。清正廉洁是收款员的立业之本,是收款员职业道德的首要方面。收款员掌握着一个单位的现金和银行存款,能否抵抗住对钱欲、物欲的考验,将取决于收款员是否具备清正廉洁的品质。这对于收款员而言是一个巨大的考验。

第二,要坚持原则。收款员肩负着处理各种利益关系的重任,只有坚持原则,才能正确处理好国家、集体与个人的利益关系。

②收款制度。收款制度是收款员应遵守的基本行为准则,一般来说,体育场馆的收款员必须遵守的收款制度包括:现金收入清点制度;备用金领用规定;现金收款程序;信用卡受理程序;票据管理制度;转账支票受理程序。

(二)学校体育经费的开支管理

学校体育经费的支出一般包括维持正常体育教学、课外群体活动、运动队训练竞赛、场馆器材维护、图书资料添置的体育维持费;购置大型体育器材设备的体育设备购置费;建设体育场馆的专项建设费;用于体育教师和行政后勤人员的奖福经费和后勤经费;用于体育管理机构的日常办公经费,等等。①

1.费用的确认与核算

(1)费用的确认

在确认费用时,管理者要遵循以下基本原则。

①划分资本性支出和收益性支出。该原则限定了费用确认的时间界限。

②权责发生制。该原则限定费用应当依据权责发生制在确认有关收入的同一期间予以确认。确认费用的标准一般按照联系因果关系确认费用;按照系统、合理地分配费用;按照支出发生时立即确认费用。

(2)费用的核算

①营业成本的核算。营业成本的核算包括对主营业务成本、其他业务的支出的核算。

---

① 秦椿林,张瑞林.体育管理学[M].北京:高等教育出版社,2002.

"主营业务成本"账户下,应按照主营业务的种类设置明细账,进行明细核算。期末,应将本账户的余额转入"本年利润"账户,结转后本账户应无余额。

"其他业务支出"账户下,应按其他业务的种类,如"材料销售""代购代销""包装物出租"等设置明细账,进行明细核算。期末,应将本账户的余额转入"本年利润"账户,结转后本账户应无余额。

②期间费用的核算。期间费用主要是指体育场馆当期发生的费用中最为重要的组成部分,主要包括管理费用、财务费用及营业费用等。

2.体育场馆的费用控制管理

体育场馆的费用控制管理在制定计划及标准时要坚持有章可循,精打细算、勤俭节约、有利工作的原则。

(1)体育场馆费用开支计划

体育场馆的费用开支计划一般有月计划、季度计划、年度计划。一般而言,大型场馆各部门、下属企业须在每月底根据下月工作计划制定本部门费用开支计划,由财务部门汇总、审核,经相关会议或总负责人审批,即为场馆当月的费用开支计划,并下达各单位费用开支指标。

(2)体育场馆费用开支标准

一般来说,体育场馆费用开支标准的制定通常包括借款审批及标准,出差开支标准及报销审批,业务招待费标准及审批,福利费、医药费开支标准及审批,其他费用开支标准及审批。

(3)出纳员岗位

出纳员在体育场馆的费用开支控制管理中是处于关键位置的一个岗位。出纳员除了要严格遵守基本的财会法规外,还要遵守各场馆所制定的费用支出细则。出纳员应严格审核支出凭证是否与会计部门制定的内容与金额相符,与领款人的印鉴是否相符,如有疑问应先查询确认后方可支付。出纳员要严格遵守事先制定好的规章制度行事,不能擅作主张。

第三节　学校体育管理的评估

在学校体育管理工作中,管理评估是一个非常重要的方面,加强学校体育管理的评估对于学校体育教学活动的顺利开展,对于学校体育教学质量的提高都具有非常重要的意义和作用。

一、学校体育管理评估的内容

(一)学校体育组织管理评估

学校体育组织管理评估是一个非常重要的方面,其内容主要包括,学校是否设立了相关的体育管理机构;管理机构工作人员的职责是否明确;学校体育重大发展规划是否制定;学校体育规章制度是否健全等。在学校体育组织管理评估工作中,以上内容都要涉及,不要忽略其中任何一项。

(二)体育课教学评估

体育课教学评估是学校体育管理评估中最为重要的内容,其评估内容主要包括:教学文件是否齐备,体育课的教学质量是否得到保证。

课外体育活动评估主要包括:学生参加体育锻炼的出勤率;《学生体质健康标准》测试率和通过率;学生参加早操、课间操的具体情况。

课余体育运动训练的评估主要包括:总体训练情况;后备人才培养情况;学生运动员竞赛成绩情况等。

(三)体育师资队伍评估

体育师资队伍评估主要包括:体育师资队伍的学历结构、年龄结构、性别结构、职称结构等;体育教师的职业道德和敬业精神;体育教师的工作进展情况;体育教师自身综合素质的培养与发展等。

(四)体育科研评估

体育科研评估内容主要包括体育科研成果的获取情况,体育科研情报的拥有情况等。

(五)体育教学条件评估

体育教学条件评估内容主要包括:体育场馆器材的配备是否符合学校体育教学的要求;体育教学设施是否完善和安全;体育经费占教育经费的比例,体育经费是否充足等。

(六)学校体育管理的综合评估

学校体育管理的综合评估主要是将学校体育教学作为一个整体进行评估,在评估的过程中要按照学校体育管理评估的基本要求、学校体育管理工作评估的内容、学校体育管理评估的原则与程序等制定一套学校体育管理综合评估指标体系,以保证评估工作的科学性和有效性。

二、学校体育管理评估的原则

在开展学校体育管理评估工作的过程中,要时刻遵循以下基本原则,这样才能保证评估工作的科学性,保证学校体育教学活动的顺利开展。

(一)方向性原则

在学校体育管理中,开展评估工作必须要建立在正确的方向和指导思想基础之上,要以党和国家制定的各种政策、规章制度等为依据,要保证评估工作方向的正确性。

(二)客观性原则

在开展学校体育管理评估工作中,一定要本着客观性原则进行。要尽量采用那些能定量和可测定的评估指标与评估方式,这样才能客观、准确地反映工作实际。同时在评估指标体系的建立过程中,要注意选择同类评估对象的共性内容,严格控制评估体系的标准化,把握评估尺度的一致性,通过评估结果比较同类事物,权衡利弊,采取最优化的措施与手段促进学校体育管理水平的提高。

(三)目的性原则

在开展学校体育管理评估工作中,还要严格遵循目的性原则。学校体育评估的目的在于一方面检查工作绩效,查对与工作目标是否一致,分析问题存在的原因,不断修正工作计划,朝着最终的目标而努力;另一方面要借评估工作促进学校体育教学的发展。

(四)科学性原则

科学性原则主要是指评估的手段、方式等符合事物的客观规律和发展特点,有利于评估事物的发展。在学校体育管理评估工作中,体现其中决定事物本质的主要因素和内在联系,并且尽可能做到精确和数量化,把主观估计的因素降到最低水平。为此,要将定性评估与定量评估结合起来,这样才能保证整个评估工作的科学性。

(五)可行性原则

由于学校体育管理领域中有许多因素难以确定客观标准和不能量化,所以,在制定评估指标体系时,必须考虑评估的可行性,即评估的手段、方式等是否适合被评估事物,是否具有一定的可操作性,没有可操作性的评估手段即使再先进也是无用的。

三、学校体育管理评估的要求

(一)做好组织与动员工作

在学校体育管理评估中,学校相关领导应高度重视检查与评估工作的开展情况,动员学校全体工作人员进行学习,使学校全体师生明白评估工作的重要性,要将体育管理评估工作作为一项重要内容来抓。同时要建立一支具有丰富经验的评估队伍,根据上级主管部门下发的有关文件精神和评估方案,结合本校的具体情况,按部就班地展开评估工作。

(二)提高评估的信度和效度

通常来说,在体育管理评估工作中,评估的信度与效度,与评估方案的科学性有着直接的关系,因此制定一个科学、严谨的评估方案具有重要的意义,评估方案必须要达到科学性、准确性和客观性的要求。同时,在正式评估前一定要组织评估组成员和被评学校有关人员进行专门的培训,认真学习和研究评估方案,严格按照评估方案对评估对象展开评估,评估要遵循客观、公平、公正的原则。

(三)坚持评估的经常化和制度化

对学校体育管理的检查与评估,要长期坚持并形成制度。只有通过经常性的评估,方能不断完善评估方案、改进评估方法、提高评估质量;方能深入总结学校开展各项体育工作的成功经验并加强学校的自身建设,及时发现工作中的不足,扬长避短,奋发进取。

(四)加强评估信息反馈

在学校体育管理评估中,整个评估的过程就是信息收集、加工、反馈的过程。评估结果是对各类材料和数据的综合反映,可作为学校主管部门和学校领导科学决策的可靠依据。因此,在评估过程中,工作人员要加强评估信息的反馈,并对反馈信息进行合理的加工,以提高管理工作的效率。

第六章　竞技体育运动训练的管理

　　科学可行的竞技体育运动训练的管理,不仅是竞技体育运动训练有序开展的重要条件,还是激发运动员积极参与竞技体育运动训练的基础,也是提升竞技体育运动训练效果的重要途径,所以深入研究竞技体育运动训练的管理具有很大的必要性。为此,本章依次对高水平运动训练的管理和业余运动训练的管理进行全面阐析。

第一节　高水平运动训练的管理

一、高水平运动训练管理概述

　　运动训练包括狭义的运动训练和广义的运动训练。从狭义的角度进行分析,运动训练是指充分挖掘与提升人的体力与智力,从而取得更加理想的运动成绩的一种有组织的教育过程。从广义的角度进行分析,运动训练是指运动员创造和保持专项运动最高成绩所准备的整个过程。现阶段,我国比较权威的运动训练的定义是"为了提高运动员的竞技能力和运动成绩,在教练员的指导下,专门组织的有目的、有计划的体育活动"。

　　高水平运动训练是贯彻实施《奥运争光计划纲要》的重要途径,是整个运动训练体系的重要组成部分,属于更高层次的竞技体育活动。一般是指省级集训队(包括自治区、解放军及其他行业系统运动队)和国家集训队中,为了提高所属运动员的竞技能力和运动成绩,以教练员为主、以相关人员配合为辅,专门组织的有目的、有计划的运动训练实践活动和日常班队管理活动。

　　近年来,在运动训练实践持续发展的背景下,现代运动训练的内涵和外延得到了持续拓展,越来越多的人认识到运动训练不只是指运动场上的训练,还指运动员选材、运动竞赛、竞技运动管理等。这四个各自独立而又相互联系并在一定程度上彼此交叉的分支学科,组成了竞技体育活动的完整体系。因此,当代运动训练理论的研究可以明显地分为两大流派:一派以俄罗斯、德国和中国为代表,学者们注重理论研究的严谨与理论体系的完整,偏重宏观层面的研究;另一派以美国为代表,学者们把注意力更多地投向单学科研究的深入以及具体运动项目训练方法的实用性,偏重微观层面的研究。

在借鉴和吸收上述观点的基础上,我们认为高水平运动训练管理是指体育管理者遵循运动训练的客观规律,为实现运动训练工作目标,而对运动训练系统进行计划、组织、控制、协调、创新的综合活动过程。

高水平运动训练管理的含义是:第一,高水平运动训练旨在达到运动训练工作目标,促使运动员的竞技能力转变成竞技成绩;第二,运动员运动训练的实质是体育管理者计划、组织、协调运动训练过程中各项因素的综合活动;第三,从事高水平运动训练管理的体育管理者一定要严格遵循运动训练的客观规律;第四,教练员对高水平运动训练管理的核心内容很熟悉;第五,从事高水平运动训练管理的管理者必须具备很强的创新意识。

二、高水平运动训练管理的过程模式

高水平运动训练管理的基本过程,就是运动训练的管理者(教练员、体育行政部门管理干部、运动队管理干部、俱乐部管理者、经纪人等)选拔达到各个专项素质要求的高水平运动员苗子,充分发挥现有体育设施与体育条件的作用,在投入适量资金的基础上选用合理的训练手段,经过一段时间后,促使参与运动训练的高水平运动员苗子发展成高水平运动员的过程,整个过程可以简化成以下基本模式(图6-1)。

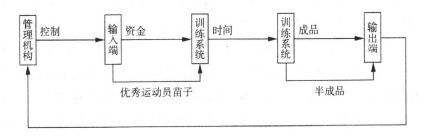

图 6-1

教练员、干部、设备器材、训练手段和方式组合成专门训练系统。训练系统的对象是优秀运动员苗子,并且要花费大量的资金。训练系统生产的产品有两种:一种是成品,即被培养成优秀运动员。另一种是半成品,即中途退役的运动员。立足于运动技术水平提升的立场展开分析,这类产品是不合格的。竞技体育训练系统中生产的产品往往是不合格产品多于合格产品,换句话说,就是绝大多数是不合格产品,即竞技体育训练系统的淘汰率很高。

就抽象的模式来说,最佳训练方案就是用尽可能少的经费,选拔出尽可能多的高水平运动员苗子,具体来说就是尽量减少训练系统的输入;与此同理,要求尽可能少的半成品,促使有效输出达到最大,想方设法降低训练淘汰率,提高训练成功率,该过程又叫最佳控制过程。

三、高水平运动训练管理的系统结构

高水平运动训练管理是通过投入一定的人、财、物等,运用计划、组织、控制、协调、创新等基本职能,遵循科学的管理原理、原则和方法,以实现投入与产出效益的最大化。在这一过程中,运动训练管理所涉及的内容如图 6-2。

近年来,运动训练实践的发展速度不断加快,现代训练管理理论也日益丰富与充实,运动训练管理理论体系同样在逐步发展、逐步优化,有很多崭新的管理理论和管理方法被应用在运动训练管理实践中,同时逐步构建出相对完善的理论体系(图 6-2)。

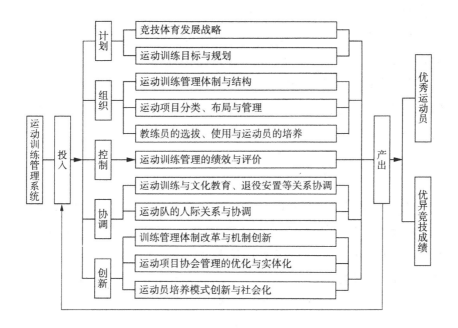

图 6-2

四、高水平运动队管理的内容

（一）运动训练过程的管理

运动训练过程的管理实质上是对运动训练过程的各项训练工作的管理，它是运动队管理的一项最为重要的内容。

1.运动训练目标管理

运动训练活动的出发点和落脚点都是运动训练目标，所以科学制定运动训练目标对于运动训练管理的整个过程来说都具有深远意义。运动训练目标是否达到正确且科学的要求，主要取决于运动训练管理者的决策水平，运动训练管理者做出决策的科学程度和民主程度也发挥着重要作用。今后重要竞赛中的名次与成绩是制定运动训练目标的重要依据，但这种目标不仅会受竞技对手的"干扰"与作用，也会受到政治、经济、文化、社会等多种因素的作用与限制。如此多的干扰，无疑会给运动训练目标的制定与实现造成极大的困难。因此,在制定运动训练目标时,要留有适当的余地,防止目标定得过高或过低,应在充分论证的基础上对训练目标进行科学的优化。在制定运动训练目标之后,还应通过细致、全面的目标分析,对目标状态、目标构成因素及它们之间的相互联系进行详尽而具体的描述,以建立内部协调统一、层次清楚的运动训练目标体系。

2.运动员选材管理

对于运动员选材工作而言,管理的核心任务是组织管理、监督、审查等工作,而并非完成详细的测试和调查。参与运动员选材管理的管理者应当始终兼顾选材的专业技术要求,充分发挥服务与保障选材技术性工作的作用。运动员选材管理过程中需要妥善完成的工作包括以下几个方面。

(1)组织专家研究确定运动员选材目标

运动员选材,实质上是选出那些在现有训练条件和训练能力下,经过训练可以在规定时间内实现运动训练目标的运动员的活动。其中有一个选择什么样的运动员才能达到这种目的的问题,这就需要确定运动员选材的目标。运动训练管理者应根据这种要求,组织有关专家研究确定运动员选材目标并对其进行科学论证,使选材目标能够满足上述要求,确保选材目标的科学性和准确性。

根据运动员选材目标,管理者还要组织有关人员筛选运动员选材的测试指标、调查内容以及测试、调查的方法手段,进而开发出运动员选材模型并对运动员选材模型进行科学论证。

(2)对相关人员进行培训

管理者要想保障运动员选材工作达到客观性、有效性、可靠性的要求,在实施选材测试与调查工作之前,就应当安排专业人员科学培训测试与调查人员,保证测试与调查人员能够采取统一手段完成测试工作和调查工作。除此之外,管理者需要制定严谨、可行的运动员选材工作日程,在此之前,准备好测试仪器、调查量表、测试场地、测试器材,对测试调查对象和测试调查人员进行科学组织。

（3）组织实施运动员选材的测试工作

当做完以上准备工作之后，管理者应当以选材工作日程为依据合理规划和实施运动员选材的测试调查工作。管理者在实施各项工作时，应当对测试调查人员进行分组和分工，保证选材测试工作有序完成。

（4）审核确定运动员选材结果

测试工作结束后，管理者应及时组织有关人员将测试结果输入计算机进行数据模型化处理，组织教练员对初选结果进行综合评价和分析，并提出拟入选的运动员名单。管理者对入选运动员进行审核后，应将经批准的运动员选材结果予以公布，并组织办理入选运动员的相关入学手续。

3.运动训练计划管理

教练员对入选运动员完成科学诊断后，应当制定行之有效的运动训练策略，随后结合训练对策来制定科学的运动训练计划。对于这个阶段来说，管理工作的重要目标是对教练员制定的运动训练计划进行审查批准。审查运动训练计划往往从以下几个方面展开，具体如下。

（1）审查运动员诊断工作的科学性

一般来说，就是管理者审查教练员对运动员诊断的客观性、有效性以及可靠性。与此同时，管理者也需要审查诊断结果的科学性和准确性。

（2）审查运动训练对策的科学性

管理者可以对运动训练对策的必要性、操作性、实效性展开审查，重中之重是审查运动训练对策是不是可以让运动员尽快从初始状态过渡到目标状态，从而准确舍弃不必要的对策，及时调整或修改无法实现的对策，最终顺利达到运动训练目标。

（3）审批运动训练计划

对运动训练计划的审查主要应从其明确性、可行性方面考虑。首先，应审核计划目标是否明确、有无明确安排的检查评定时间和标准；其次，应审查运动训练计划是否具有可操作性；最后，应审查整个运动训练计划的系统性，看其内部是否协调统一。如果运动训练计划基本达到了上述要求，那么管理者就可以批准将这一运动训练计划付诸实施。

4.运动训练计划实施的管理

对于实施运动训练计划的管理者来说，应当尽可能采用间接监督的管理方法，而非直接干预教练员的训练工作。间接监督是指对运动训练计划横向目标和纵向目标的完成情况进行检查。如果管理者发现未能参照运动训练计划目标完成相应的训练任务，则应当和教练员讨论未完成的原因，辅助教练员提出切实可行的改进策略。

5.运动训练实施的保障管理

运动训练管理者的一项重要任务就是向运动训练提供必要的政策保障与物质保障，具体包括奖励政策、训练条件、后勤供应等，这几个方面均属于管理者需要为运动训练提供的基本条件。

6.运动训练过程中突发事件的管理

在运动训练中，难免会产生预料之外的突发事件，管理者应当对此进行妥善处理。首先，管理者应当对突发事件的具体情况有全面把握；其次，管理者应当对产生突发事件的原因做深入分析；最后，管理者应当提出切实可行的处理策略。及时是处理突发事件的重中之重，倘若不及时就一定会对运动训练产生负面影响，同时管理者必须妥善处理突发事件，努力避免失误。

（二）运动训练的科研管理

在现代社会，科学技术已全方位地扩展到人类活动的各个方面，与现代人的生活和命运息息相关。它渗透于人类生活的各个层面，也渗透于文化的各个层面，体育作为一种文化现象，当然也不例外。有学者以"金牌背后是科技大战"来描述科学技术在竞技体育中的作用。

在体育界，人们普遍认为科学技术是一把"双刃剑"。一方面，人体运动的潜能可以通过科学技术表现出来；另一方面，科学技术也会给竞技体育带来一些负面影响，如兴奋剂等问题。关于科学技术对竞技体育的影响，人们一直争论不休。乐观主义者认为，科技发展是竞技体育可持续发展的重要前提条件之一，未来竞技体育展现的是人类对身体极限的不断超越，带给人们的是征服和超越的享受；而悲观主义者却认为，科学技术将把竞技体育推向陨落的边缘，若干年以后，以"人"为载体的竞技体育展现的将是"人物化"的较量，人类原本的自我超越将不复存在，那么体育文化的核心层面——人文精神将被严重扭曲，科学技术的负面影响不堪设想。这种忧心忡忡的话绝不是危言耸听。以竞技体育中的兴奋剂问题为例，这个问题对奥林匹克运动的公平竞争精神产生了明显的侵蚀作用，一方面是新型技术促使人们使用兴奋剂的方法更加巧妙；另一方面是国际奥委会对兴奋剂的态度越来越坚决，在研究与检测兴奋剂方面投入的人力和物力不断增多。由此可知，今后奥林匹克运动兴奋剂和反兴奋剂的斗争将会更加激烈。对于科学技术进入竞技体育领域随之产生的问题，应当对其价值进行客观评价。

在高校高水平运动训练的科学研究中，管理在教练员与科技人员之间起着中介和桥梁的作用。这一作用发挥得如何，直接关系到运动训练与科学技术有机结合的实效。具体而言，运动训练科研管理的任务主要包括以下四个方面。

1. 提高运动训练的科技意识

对于运动训练的科研管理来说，提升教练员和运动员的科技意识是一项关键任务。当教练员与运动员都形成很强的科技意识之后，方可有效激发他们借助科学技术来提升运动技术水平的热情。因此，不仅要通过多个途径提高教练员和运动员的文化水平与科技素质，也要不定期地向教练员和运动员宣传"科学技术是第一生产力"的思想，促使科学技术改善运动训练效果的思想深入人心。

2.加强科研规划和制度管理

(1)加强领导,理顺训练科研管理体制。在体育管理部门的领导下,运动队应建立主教练负责下的训练、科研一体化制度。要通过具体的条文明确教练员和科研人员的责、权、利,使双方都对训练和比赛承担明确的任务,形成目标一致的统一整体。

(2)制定切实可行的运动训练科研发展规划。为了确保训练科研工作全面、系统、协调地发展,既突出重点,又照顾一般,高校应在科研体制、研究目标、课题布局、人才培养、技术引进和训练科研的社会化等方面,制定长远发展规划、以大学生比赛为周期的具体规划和年度重点研究课题计划等。

3.提高教练员依靠科学技术的能力

管理者要想妥善处理运动训练依靠科学技术的问题以及运动训练和科学技术有机结合等问题,必须采取的途径就是充分挖掘和发挥科学技术的作用。一方面,管理者应当试图让教练员明确认识到科学技术和科学研究的深远意义,即科学技术能够妥善解决运动训练中的哪类问题;另一方面,管理者应当使教练员逐步拥有发现和提出运动训练中需要急迫解决问题的能力。当教练员具备这项能力之后,就能够自己提出或者向科技人员提出研究课题,吸引更多科技人员积极参与课题研究,从而把运动训练和科学研究有机结合在一起。

4.为科技人员提供必要的科研保障

运动训练管理者应当在组织专家论证科技服务、科技攻关项目、科研课题的前提下,向科技人员提供必需且充足的科研经费和科研条件,为顺利完成运动训练科研工作提供保障。要想使科技人员的热情和自觉性全部激发出来,管理者还需要制定切实可行的优惠政策与奖励政策,从而吸引与鼓励更多科技人员服务于运动训练,优惠和奖励的标准应着重看运动成绩,这样既可以使科技人员与教练员具有共同目标,用共同的目标(利益)将两者聚合在一起,又可以使科技人员更加紧密地结合运动训练的实际进行科学研究,保证研究成果的应用价值。

(三)运动员的思想教育管理

1.运动员思想教育的基本要求

思想教育是一项具有多种要求的管理工作。对运动员进行思想教育,除应贯彻思想教育的普遍要求之外,还应特别注意它的一些特殊要求。

(1)全面掌握运动员的思想特征,促使思想教育的针对性与实效性得到大幅度提升,不仅要结合运动队的特殊环境掌握运动员思想的常见特征,同时要结合运动训练进程准确把握运动员在各个训练环节中反映出的思想特征,准确掌握运动员的思想变化规律,从而对运动员实施有针对性的思想教育,争取达到预期的思想教育效果。

(2)向高水平运动员实施思想教育的出发点就是促使他们形成正确的世界观与人生观。正确的世界观和人生观是人们应对外界刺激做出正确反应的根本,既不是与生俱来的,也不能被运动员简单的接受。因此,运动队管理者在遇到运动员产生思想问题时,不应简单地就事论事,头痛医头、脚痛医脚,而应在帮助运动员树立正确的人生观和世界观上下功夫,通过思想教育的途径加强对运动员正确人生观和世界观的树立是一种必要的手段。

(3)选择行之有效的精神激励方式,促使运动员的自觉性和创造性发挥得淋漓尽致。精神激励在思想教育管理中有十分重要的意义,由很多种激励方式组成。在高水平运动员的思想教育管理过程中,应当把对运动员实施精神奖励置于重要位置,尽力把运动员的精神需求激发出来,向高水平运动员告知远大目标、集体的共同目标和共同利益,从而把运动员的内在潜力充分挖掘出来。

(4)坚持教育与训练相结合。对运动员进行思想教育,除了要紧密结合运动训练的各项业务工作之外,还要在社会经济不断发展、物质生活极大丰富的新形势下,注意根据运动训练的特点,引导运动员正确处理物质利益与精神利益、自由与纪律、长远目标与眼前利益等关系,帮助运动员正确对待荣誉、对待金钱、对待集体、对待自己,培养他们具有崇高的精神境界。

2.运动队思想教育工作的主要方式

(1)培养良好的运动队文化

运动队集体是运动员长期相处的地方,集体氛围与运动队文化对运动员的成长过程和能否成才有深远意义。因此,要采取多种方式促使运动队形成健康向上的队风,促使良好队风作用于每位运动员,由此形成自觉服从集体的意志。具备良好风气与深厚运动文化的队伍,往往会对运动员产生无形的思想教育作用。

(2)将思想教育贯穿于训练全过程

把思想教育贯穿到整个训练过程是把思想教育落到实处的重中之重,教练员应当准确把握运动员在训练过程中反映出的思想征兆,密切联系运动训练的具体情况,从而在最佳时间内实施教育,如此能够达到生动形象、服人服众的预期训练成效。除此之外,教练员在训练过程中应当充分发挥表率作用,在潜移默化中教育和影响运动员。

(3)疏导与反馈相结合

疏导和反馈有机结合是高水平运动员思想教育的重要方式。向运动员实施思想疏导时,教练员应当充分发挥社会心理因素的作用,促使运动员更加清晰的了解到其他运动员、教练员、裁判乃至观众对自身行为的评价,从本质来说就是一种启发自觉、潜移默化的教育手段。

(4)在思想教育中配合严格的制度管理

运动队的管理是一种准军事化的管理,没有严明的纪律、严密的制度、严格的要求,培养不出高水平运动员,也创造不了优异的运动成绩。因此,在加强运动员思想教育的同时,还应配合严格的制度管理和纪律要求,如训练考勤制度、民主生活制度等,也是极其重要的教育方式。

（四）运动员的文化学习管理

运动员文化学习管理是运动队管理的一项重要内容。不断增强运动员的文化学习是推动其实现全方位发展的一项关键环节，还是训练科学化提出的具体要求，也是运动员智力训练的关键内容。对于高水平运动员来说，文化学习对他们步入社会后能否胜任本职工作以及未来发展状况都有很大的影响，是高水平运动队管理的关键环节之一，教练员必须进行有序实施。

从学习的角度展开分析，运动员文化学习的管理由集中学习一个专业和自主选择专业两种模式组成。集中学习一个专业的优点是有利于管理，便于教师集中辅导，节约教师资源；缺点是不利于个人爱好的发挥。自主选择专业的优点是照顾到个人的兴趣爱好，有利于个性的发挥；缺点是不利于教师集中辅导，师资投入相对较多。

不管运用哪种学习模式，管理者都必须及时督促运动员按时上课，认真完成各项课堂作业，始终紧跟学习进度。针对训练竞赛时间紧张、不利于运动员文化学习的情况，学校应当预留教师向运动员补课的时间，倘若训练竞赛耽误运动员参与正常考试，学校应当在比赛后安排补考。

（五）运动员的参赛管理

运动竞赛是检验运动员训练水平的常见形式。因为体育竞争激烈且比赛氛围紧张，所以很多情况都要求运动员勇于挑战极限，因而运动员的身心往往比日常训练的变化与反应更大。由此可知，运动员的参赛管理应当在日常训练的基础上完成一些特殊调整，从而更好地适应运动竞赛的特殊条件与特殊要求。

参赛时，运动员的思想教育方面，要特别考虑到运动员的心理负担，采用多鼓励表扬、少批评或不批评的方式。特别是在临场指导方面，教练员更应倍加注意自己的一举一动，乃至脸色、口气，万不可急躁发火，尤其在运动员偶然失误时更为必要。一般运动员来说都有争取胜利、为国争光的信念,在赛场上偶然失误,内心会十分自责和焦虑,从而使心理压力急骤增大。倘若在这时得不到教练员和队友的谅解,反遭批评或责难,往往会产生抵触情绪,从而得不到理想的竞赛成绩。

临场和场下是运动员参赛时业务管理的两个方面。决定教练员临场业务管理效果的因素是其指导水平。场下的业务管理主要是指对于比赛所做的准备,具体有科学安排赛间训练、科学调整运动负荷、适时组织准备会、妥善安排竞赛方案等。

在运动员参与比赛时,生活管理的实际效果发挥着重要作用,整体来说应该比日常训练更加严格,教练员要着重增强纪律要求。通过严格的生活管理,能够帮助运动员保持良好的竞技状态,全力以赴地争取比赛的胜利,创造优异成绩。在这方面还需配合安排一些必要的心理辅导,帮助运动员稳定情绪,使其在比赛中正常发挥出应有水平。此外,在伙食、医务监督、业余活动、疲劳恢复、洗浴等方面,都要注意科学安排,以适应比赛的需要。

(六)运动员的生活管理

1.建立健全严格的生活制度

对运动队的作息时间、就餐就寝、内务卫生、请假审批、业余生活乃至吸烟喝酒等都要做出具体、明确的规定。此外,还须订立文明公约、卫生条约等辅助措施,这样有利于对运动员进行严格管理,为正常训练提供保障。除此之外,监督检查同样是保障以上制度达到理想实施效果的重要内容,如安排教练员轮流值班。

2.运动员训练后的恢复与营养安排

恢复是运动训练的有机组成部分。由于恢复训练大多是在训练课以外的时间进行的,因此它成为生活管理中一项十分重要的内容。严格遵守生活制度是疲劳后快速恢复的重要前提。在此基础上还需采取一些专门的措施与手段促进运动员的恢复,如建立药物浴、蒸汽浴和按摩室等。

营养是作用于运动员运动能力的重要因素之一,运动队生活管理中同样需要把运动员的营养安排考虑在内。因为各个运动项目、各个年龄阶段、各个性别、各个等级的运动员在营养方面的要求存在很大差异,所以营养师应当结合运动员的实际情况制定科学食谱。除此之外,教练员可以向所有运动员签发营养卡片,指导运动员将进食量和饮水量都填写在内,方便教练员准确掌握运动员的营养摄入情况,同时结合运动员营养需求和食欲情况及时调整食谱。

五、高水平运动队管理者的技能培养

(一)高水平运动队管理者需要具备的技能

高水平运动队管理者是在组织过程中从事管理活动的所有人员,具体就是在组织过程中承担计划工作、组织工作、领导工作、控制工作、协调工作并努力达到组织目标的人。对于一名管理者来说,专业技能、人际技能、观念技能都是其应当拥有的管理技能,具体如下。

(1)专业技能是指使用某一专业领域内有关的工作程序、技术和知识去完成组织专业任务的能力。

(2)人际技能是指与处理人事关系有联系的技能,换句话说,就是理解他人、激励他人、与他人共事的能力。不管处于哪个层级的管理者,都需要具备良好的人事关系技能,都需要和其他人进行密切协作,从而协同完成组织目标。

(3)观念技能是指综观全局、认清为什么要做某事的能力,也就是洞察组织与环境之间相互影响的复杂性的能力。具体地说,观念技能包括理解事物的相互关系从而找出关键影响因素的能力、确定和协调各方面关系的能力以及权衡不同方案优劣和内在风险的能力等。

就各个层次的管理者来说,专业技能、人际技能、观念技能的深远意义是不尽相同的。通常情况下,高层管理者最重要的是观念技能,基层管理者最重要的是专业技能,人际技能对任何一个层次的管理者而言都极为关键。

(二)教练员在运动队管理中的作用

运动训练的管理工作是在训练管理人员、科研人员、医务人员、营养保健人员、心理专家等各类专业人员的协调努力下,由教练员具体组织实施的。教练员是运动训练的主要组织者与指导者,教练员水平的高低是影响一支运动队或一个项目运动技术水平的重要因素。

对于运动训练而言,教练员的带队能力对运动员取得的具体成绩有决定性作用,所以一定要选择最适宜的教练员承担运动训练管理任务,此外要把培养教练员的工作摆在重要位置上。

1. 教练员的职责与素质

(1)教练员的职责

对于运动训练管理来说,教练员的基本职责就是把训练当成重心,从各个角度审视运动员的成长情况,从多个渠道影响运动员的成长过程,具体反映在以下几方面。

①以综合性运动会(大运会、省运会、省大学生运动会)和其他重大比赛为主要目标,制定并实施多年、年度、阶段训练计划及训练课时计划。

②保证所有训练课的整体水平与实际效果。教练员应当促使运动员明确认识到专项运动技术的基础原理,从根本上激发和培养运动员参与运动训练的积极性,在科学训练的基础上推动运动员熟练掌握各项运动技术动作,产生正确的动力定型,使运动员具备的战术意识和技战术水平在比赛中充分发挥出来。

③努力做好赛前的准备工作、临场比赛的指挥以及赛后的总结工作。

④教练员应当把一些精力放在钻研业务上,及时掌握运动项目的技战术发展走向与最新动态,运用多学科知识指导训练过程,从而使训练水平得到大幅度提升。

⑤高质量完成运动员的思想教育工作、文化学习工作以及生活管理工作,充分激发运动员参与运动训练的热情和自觉性,促使运动员将自身智慧有效发挥出来,帮助运动员形成严格遵守规章制度的良好习惯,最终树立积极向上的风气以及运动队文化。

⑥高水平运动队管理者应当和队医密切配合,从而高质量完成对运动员的医务监督工作以及伤病防治工作。

⑦对运动员进行科学选拔和调整,帮助运动队顺利完成训练目标,促使运动队承担更加重要的比赛任务,同时使运动员人才梯队始终处于衔接状态。

⑧在最佳时间段内,向主管部门报送训练与比赛的具体计划、总结内容。

(2)教练员的素质和能力

教练员是一种专门人才与特殊社会职业,其不仅要拥有承担训练指导任务的准备,同时要具备相应的业务素质以及工作水平。

①强烈的事业心和高度的责任感是事业成功不可缺少的政治思想基础。纵观我国优秀教练员的成才之路,"成功"两个字总是与强烈的事业心和高度的责任感形影不离的。它集中表现在教练员必须具备坚定的信念、吃苦耐劳的精神和诲人不倦的教育者风范。

②强烈的管理欲望是教练员有效开展管理工作的前提。对于教练员来说,他可以利用组织赋予的权力管理和协调运动员的训练与比赛,通过管理运动员的训练与比赛实现自己制定的、符合组织发展的目标并从中获得心理上的满足感。对于一名不具备管理能力以及管理欲望的管理者来说,往往无法充分发挥组织赋予的权力,最终无法获得理想效果。

③正直的品质。正直的品质是每个人都应具有的基本品质,这一品质对教练员尤为重要。运动训练过程中,对教练员权力的使用往往难以进行严密、细致、及时、有效的监督。因此,权力能否正确运用在很大程度上取决于教练员的良知。教练员不仅是一名管理者,更是一名教育者。教练员必须是道德高尚的、值得运动员信赖的,必须具有正直的品质。一名正直的教练员,敢于

提出自己的观点,指出上级的错误;在向上级汇报工作时,不虚报成绩,不隐瞒缺点;对每一名运动员一视同仁,不拉帮派,不分亲疏;在评价运动员的学习、训练、比赛和生活时,有一套客观公正的标准,而不是根据个人好恶。如果教练员缺乏这种品质,就可能导致运动队人心涣散。可以肯定的是,只有正直品质但没有工作能力的教练员是不合格的,但有能力而不正直的教练员往往会对运动训练带来很大的负面作用。

④创新精神。管理任务不只是局限在执行上级命令和维持系统运转,还体现在组织系统或部门工作过程中的持续创新。只有持续创新,方可向组织注入源源不断的生命力,最终使组织持续发展。对于一名教练员来说,运动训练中不只要认真执行上级下达的训练指标与比赛指标,而且要积极创新训练的组织过程,更为关键的是对运动训练方法、具体动作、动作编排的大力创新。倘若教练员不具备创新精神,没能积极掌握先进的训练理论和训练手段,则教练员终将不能逃脱被岗位淘汰的命运。

⑤合理的知识结构。各个历史阶段以及各个层次的训练发展水平对教练员知识结构提出的要求不尽相同。20世纪80年代之前,在科学技术水平落后和运动训练水平低下的双重限制下,教练员知识结构中的经验成分占很大比例,经验中的科技含量十分有限。建立在运动训练发展初期的以经验为主的知识结构,显然不能满足当今运动训练发展的要求。教练员的基本任务是指导运动训练,而运动训练主要是一种对运动员进行生物改造和生物适应的过程。因此,运动训练学和体育生物学知识是教练员知识结构的核心和主体。运动训练的对象是人,而人兼有生物属性和社会属性两方面的特点,因此,马克思主义哲学、教育学、体育社会学等社会科学知识在教练员的知识结构中也应占有十分重要的地位。

2.教练员的人际关系

(1)教练员与领导的关系

教练员和相关领导的关系是上下级关系,这种上下级关系的好坏是限制运动员训练实际效果的一项关键因素。教练员要想达到运动队制定的具体目标,就必须用行动赢得领导的信任、支持以及尊重。

通常情况下,教练员在和领导相处以及交往的过程中应当做到:第一,不卑不亢,严禁刻意奉承或刻意讨好;第二,自觉增加和领导交往的次数,尽可能加深彼此间的了解,尤其是要让领导掌握训练的实际情况,同时充分尊重和理解领导,努力领会领导的目的和难处;第三,主动接受与服从正确的领导,但需要大胆向领导提出针对性强、切实可行的意见与建议。针对各类领导,应当选择最佳方式表达自己的看法,最终达到坦诚相待、没有杂念的状态;第四,教练员应当以努力和勤奋自勉,努力做出成绩。教练员只有在工作中做出成绩方可获得领导的肯定和信任。

（2）教练员与领队的关系

教练员和领队是位于运动训练前线的管理者,这两个角色之间关系的好坏和默契程度,往往对运动训练管理工作的实际效果有直接性作用。在彼此交往的过程中,他们之间往往存在着主动合作、各自为政或相互依赖等若干心理状态,从而产生各种各样的矛盾,这在运动队管理中是客观存在的。例如,表现在领队方面,当领队与教练员对某事、某人的看法不一致,而领队又不能从工作实际出发,不能主动从感情上沟通、互相交换意见、加深彼此的了解,认为自己是全队思想、业务的"首席领导",要求一切都以自己为中心,一开始就显示出"我的意见是正确的"时,往往会给教练员造成情绪上的压力和反感。与之相反,就教练员来说,倘若教练员只是一味地独断专行,把个人的权威、权力、职责摆在极为重要的位置,处事方法独断专行,不和领队进行事先商量,领队理解教练员的难处并积极进行过帮助,或者善意提醒教练员及时反省工作方法的弊端时,教练员只是过度指责领队对其不信任、怀疑自身能力、损害自身威信或者产生其他不良想法,往往会在心理上产生和领队不相容的想法,最终结果必然会伤害领队感情,最终使两者的关系不断恶化。

由此可知,教练员和领队应当妥善处理双方关系,应当着眼于大局,站在对方的立场思考问题,如此才能形成和谐的关系,从而产生合力,共同做好训练管理工作,高质量完成训练任务。

(3)主教练与助理教练的关系

在工作中,主教练与助理教练是同事关系,他们的工作都是为了选拔和培养更多优秀的运动员,提高运动技术水平,争取重大比赛的荣誉。目标的一致性,使两者形成了一种特殊的相互支持、相互配合、相互依存的关系。而职务分工的特殊性,又使彼此在工作上必须有限地交往和有限地合作。如果主教练或助理教练不能正确看待自己和别人,就容易影响彼此之间正常人际关系的建立,有时还会影响到整个队伍的稳定,阻碍运动训练工作的顺利进展。

在交往与相处的过程中,主教练与助理教练往往会存在很多不同的心理状态以及矛盾,但为达到相同目标也会有很多相同的交往心理。主教练和助理教练在处理两者间的关系时,一般会考虑与处理有关的因素有教练班子要优化组合、要互相关心谅解、同舟共济、要服从而不盲从。

(4)教练员与运动员的关系

教练员与运动员的关系,恰似学校中的师生关系。这种关系构成了运动训练人际关系的主体,其融洽与否,对运动队的训练质量及其管理效果影响极大。在他们的交往中,教练员的行为潜移默化地影响着运动员,其教育和训导效应不仅仅体现在训练课上,而且贯穿于日常生活中。世界各国的很多事实都表明,所有可以取得良好成绩的运动队与运动员,对应的教练员往往是能够协调处理人际关系、颇受运动员尊重、信任、爱戴的人。

站在某种角度进行分析,当其他因素一样时,教练员与运动员的人际关系往往是决定运动成绩的关键因素。在两者的交往过程中,教练员是能否维持良好人际关系的决定性因素。由此可知,教练员要想有序完成各项任务,就必须在思想上摒弃"唯我独尊"的意识,积极贴近运动员的心理,对待运动员应当把严格要求和关心爱护集中在一起,努力成为运动员的榜样,这会给运动员的运动训练管理工作提供很多便利。

第二节　业余运动训练的管理

一、业余运动训练管理概述

在不同的语境下,业余运动训练有着不同的含义。按照训练性质和特定对象来划分,业余运动训练同专业训练、职业训练在内容和作用上相互独立、平行,其所需要的训练经费、训练场地设施等,主要来源于社会或个人资助,教练员一般由运动俱乐部或体育学校、甚至家庭聘请,并提供相应经费,运动员则自付学费。因为这种培养方式对运动员个人、运动员家庭、相关培养主体的经济实力要求较高,所以美国、西欧等市场竞技发达的国家中比较常见。

对于我国来说,广大群众往往会站在另外一个角度认识和理解业余运动训练,具体就是立足于运动训练的层面上把业余运动训练当成运动训练系统的一个关键部分,原因在于我国运动训练系统从层次结构上主要划分为高、中、初三级训练体系。高级包括国家队和省、市、区优秀运动队以及解放军队等,他们的主要任务是攀登世界竞技体育高峰,实现"奥运争光计划"目标。中级主要是指省、区、市体育运动学校和原国家体委直属体育院校附属竞技体育学校以及各级各类业余体校等,他们的主要任务是培养和输送体育后备人才与体育骨干,为社会培养体育专门人才。初级往往是指体育传统项目学校和中小学运动队等,其关键任务是立足于体育方面对发展空间大的学生进行系统的课余训练,从而为上级体育训练体系输送优秀人才,向社会培养高素质的体育骨干。

由此可知,对于我国运动训练管理体制的"三级金字塔"层次结构来说,体育运动学校与竞技体校处于中级层级,不仅是组成我国运动训练体系的重要纽带,而且是我国业余训练体系中的最高训练形式,可以有效衔接我国业余运动训练以及专业运动训练,对更低层次的业余运动训练有十分鲜明的导向性特征。

所谓业余运动训练管理,即指在以体育运动学校和竞技体校为最高层次的业余运动训练体系中,为实现业余运动训练人才培养与输送目标,所进行的计划、组织、控制、协调、创新的综合活动过程。在业余运动训练管理的体系中,其管理主体主要包括各级各类运动学校、体育传统项目学校和中小学运动队等;管理的客体则包括以竞技体育后备人才为核心的人、财、物等多种资源对象,在结合竞技体育后备人才培养客观规律的基础上,充分借鉴现代管理知识和理念,为我国竞技体育不断培养和输送优秀后备人才。

二、业余运动训练管理的意义

业余运动训练不只是我国体育事业的基础工程,还是我国竞技体育运动健康发展的保障,不仅对竞技体育发展的整体情况和发展潜力有直接作用,还对群众体育普及范围有直接作用,只有科学、合理的管理业余运动训练,才能高效实现以上目标。

(一)业余运动训练管理是我国运动训练管理体制中的重要组成部分

在竞技体育"举国体制"的发展实践中,我国逐渐形成高、中、初相互衔接的三级运动训练体系,也被人们形象地称为"金字塔"式的训练体系。新中国成立以来我国竞技体育所取得的辉煌成绩表明,这种三级训练体系发挥了巨大的作用,并且在今后一段时期内仍将继续发挥作用。而业余运动训练管理正处于这个"金字塔"的中下层,是实现我国运动训练管理目标的坚实基础。虽然这种塔基过大受到很多人质疑,但业余运动训练依旧是我国运动训练管理中的无法替代的内容,并会继续发挥重要作用。

(二)业余运动训练管理是竞技体育可持续发展的重要保障

要想推动竞技体育健康发展,就必须有完善的业余运动训练系统输送源源不断的后备人才,如果没有业余运动训练发挥保障作用,则无法达到预期的竞技体育水平,取得可持续发展的能力更是无从谈起。但科学管理是业余运动训练持续发展的重要保障,所以要想为竞技体育发展提供源源不断的发展动力,就一定要把业余运动训练的管理置于重要位置,深入剖析业余运动训练需要解决的具体问题,从而对其管理体制做大幅度革新,不断创新业余运动训练的管理模式和管理手段,最终有效强化业余运动训练的基础保障作用。

(三)业余运动训练管理有助于提高竞技体育后备人才培养的质量

长期以来,我国的业余运动训练系统培养和输送了大量后备人才,为我国竞技体育的腾飞做出了突出贡献。在长期的业余训练实践中,人们已经普遍认识到,只有不断完善业余运动训练管理体制,才能实现业余运动训练的科学化、系统化和规范化;只有采用科学的管理手段和方式,才能使业余运动训练系统中有限的资源得以合理和优化配置;在坚持科学化管理的基础上,方可使竞技体育后备人才的整体素质得到大幅度提升,才能让竞技体育系统的投入和产出比实现最优化。

三、业余运动训练的组织形式与管理

业余运动训练管理的组织形式丰富多彩,各项管理活动同样具备多元化特征,所以管理者不仅要全方位考察业余运动训练管理的组织形式,同时要对各种组织形式对应的管理内容与管理手段进行深入剖析,从而为实现业余运动训练的管理目标发挥保障作用。

(一)业余体校

就现阶段来说,业余体校是基层业余训练的常见形式,还是培养我国竞技体育后备人才的重要阵地,业余体校是培养竞技体育人才的一条重要渠道。

业余体校是对体育运动方面有发展前途的中小学生进行半

天训练、半天学习的一种中级业余训练形式。它又分为一般业余体校和重点业余体校。业余体校的办学形式大体可分为三种类型：集中型——学生的训练、学习和食宿都由业余体校统一安排，这类业余体校多为重点业余体校；半集中型——学生的训练和食宿由体校统一安排，而学习则分散在附近或原所在学校进行；分散型——学生仍在原所在学校上文化课，利用课余时间，采用走训形式到业余体校参加运动训练。

我国基本国情造就了业余体校不仅不像高水平运动队那样把训练当成中心，同时也没有像普通中小学那样把文化学习当成重要内容，业余体校必须对训练和文化学习进行平衡，完成业余训练任务和文化学习任务，所以说业余体校一定要紧紧围绕这两个方面展开科学安排。详细来说，我国业余体校的任务有：第一，为国家培养德、智、体全面发展的具有良好身体素质和一定运动技术水平的体育运动后备人才；第二，为开展群众体育活动培养技术骨干；第三，辅导中小学和幼儿园训练点的训练。

业余体校管理的内容很多，涉及面很广。依据业余体校的任务，其基本内容是如何有效地组织科学选材和训练，努力提高教学训练水平，以达到向上输送出高质量、全面发展的专门人才的目的。

就我国业余体校的整体发展情况来说，在规模方面，从 20 世纪 90 年代开始我国体校数量就反映出了减少趋势，输送率普遍较低，绝大部分业余体校的学生都存在升学难的问题；在教练员队伍建设方面，业余体校 30 岁以下的教练员和 50 岁以上的经验丰富的教练员都呈现出了逐年减少的发展趋势，中年教练员占据很大比例，同时当前教练员的知识结构和文化素质都有待提高，高学历与高职称教练员所占比例还需进一步增加；在运动训练经费上，业余体校财政拨款的稳定性较差，绝大多数情况下会以奥运会为基准进行周期性增减。尽管业余体校的总体收入呈逐年上升趋势，但依旧十分依赖国家投入；在项目分布方面，我国业余体校的项目由奥运项目与非奥运项目组成，田径项目的从事人数最多，少部分业余体校会设置跳伞等项目。

（二）竞技体校与体育运动学校

对于业余运动训练体系来说，竞技体校和体育运动学校都处于最高层次，不同之处体现在管理主体上，竞技体校的管理主体是体育院校，体育运动学校的管理主体是省、直辖市、自治区体育局主管。

竞技体育运动学校（简称竞技体校），是 1979 年经国务院批准，为国家备战奥运会，培养奥运优秀后备人才，在全国 6 所体育院校（北京体育大学、上海体育学院、武汉体育学院、成都体育学院、沈阳体育学院和西安体育学院）正式创办的"亦训亦读"的中等体育专业学校。其目的是为了充分利用体育院校人才、技术、科研、信息等方面的优势及现有的物质条件（场地、器材、生活设施等），把体育院校建设成为教学、训练、科研三结合的基地，以适应未来竞技体育发展的需求，使我国竞技体育的发展逐步转移到依靠科学管理的轨道上来。同时，这也是我国竞技体育走向学校化的一个有益尝试。

竞技体校的主要任务是：第一，培养既有较高运动技术水平，又有科学文化知识的优秀运动员；第二，为体育学院本科部培养后备力量；第三，培养中等体育专业人才，满足社会对体育人才的需要。

分析以上任务可知，培养高水平运动员不只是竞技体校的关键任务，还是竞技体校的教学重心、训练重心以及科研重心。虽然竞技体校的宗旨是培养高水平运动员，但其根本上依旧是"亦训亦读"的中等专业学校，在人才培养模式、经费投入、参赛资格、运动员管理等方面均与各项目专业队有着本质上的区别，所以竞技体校依旧被纳入我国业余训练组织体系。

我国竞技体校已成为培养奥运会后备力量的重要基地，它在教育与体育相结合、培养高水平体育人才、探索优秀运动队向学校过渡方面走出了一条新路子，体现了竞技体育的发展以教育为依托、以科技为先导的新思路，并显现出竞技体校的四大优势，即文化课教学的优势、教练员科学训练的优势、训练与科研相结合的优势和科学管理的优势。

体育运动学校同样是中专性质学校,具体特征和竞技体校存在很多相似之处,是兼顾训练和文化学习的中等体育专业学校,具体差异不仅体现在管理主体上,也体现在学生来源、项目布局、经费投入、输送渠道等很多方面。更加关键的是,体育运动学校并不是依靠教育发展竞技,所以在学生接受高等教育、利用高等人才和科研优势等方面都有很多先天不足。尽管体育运动学校为我国竞技体育输送了很多优秀的后备人才,但在社会经济持续发展的背景下也显现出很多管理体制方面的问题,突出的反映是训练和文化学习之间的矛盾。在体育运动学校毕业生文化水平不高、就业面狭窄等多种问题的影响下,使得体育运动学校的生源表现出了缩减迹象,此外产生了很多矛盾和问题。

(三)体育传统项目学校与体育后备人才试点学校

我国自 1979 年实行体育传统项目学校制度以来,此类学校为推动我国青少年体育活动、培养竞技体育后备人才、开展课余体育训练做出了突出的贡献,并积累了一些宝贵的办学和管理的经验。传统项目学校已成为我国体育后备人才培养的重要渠道,它的建立缓解了参加业余体育训练,学生训练与学习的矛盾。

但体育传统项目学校在发展中的很多问题依旧需要正视。从全局展开分析,限制我国体育传统项目学校发展的重要因素有:训练经费不足、沟通渠道不畅、参与活动有限、各级学校体育人才选拔渠道和培养渠道有待进一步畅通、体育传统项目学校发展速度比社会发展速度慢、管理体制和监督体制有待进一步优化、体育教师训练水平有待提升。就项目布局展开分析,自由发展的运动项目在我国体育传统项目学校的全部运动项目中占据很大比例,整体布局还有待科学化。例如,田径运动、篮球运动、足球运动的比重过高,而我国奥运会的优势项目如体操、游泳、羽毛球、射击、举重、摔跤、跆拳道等项目所占比重相对较小;我国经济欠发达的西部地区的体育传统项目学校的运动项目多以田径、足球为主,经济发达的东部地区学校开展的运动项目种类相对多样。另外,还存在着"重命名、轻评估"和缺乏完整、统一的训练大纲等问题。

分析体育后备人才试点学校可知,其得以发展的基础是体育传统项目学校,是体育传统项目学校的进一步发展与提高。因为试点学校的发展时间有限,所以在培养目标、训练大纲、年龄衔接、评估指标、输送和竞赛体制等方面都无法充分适应优秀运动员后备人才的实际需求。除此之外,因为试点学校的学习条件与升学条件都比较好,所以对发展空间较大的体育苗子产生了强大的吸引力,同时其人才优势和办学优势也越来越明显。

(四)体育俱乐部

随着我国社会主义市场经济体制的建立与完善,业余运动训练由政府部门主办和主管的模式逐渐被打破,有些地区或项目已经开始尝试"以市场为主,政府为辅"的培养模式。如足球、篮球、武术、摔跤、乒乓球、排球等项目。

这种模式依旧处于起步阶段,还未发展成后备人才培养的主流,绝大多数基层业余训练依旧由国家承担,供求机制、价格机制、竞争机制、调控机制和市场经济发展的实际需求依旧需要长期适应。但从某种角度来分析,部分地区与项目尝试的以社会参与和投入为主体、以市场机制为导向、以人才培养为中心的竞技人才培养的新模式,在某种程度上表现出了我国业余运动训练形式的发展走向。

1.联办式体育俱乐部

例如,国君银泰(李国君和银泰公司合办)青少年女排俱乐部,该俱乐部的创办时间是1993年,教练员和运动员都采取全国招募的形式,市场模式是有偿训练和有偿转让,同时兼顾运动员的文化学习和运动训练,不定期举行国内交流比赛和国外交流比赛,由此毕业的绝大多数运动员都成功进入高等院校,大约10%的运动员进入上海市业余体校或高水平运动队。此外,针对运动员招生会采取很多优惠措施。

2.股份制体育俱乐部

例如,沈阳篮球学校是在沈阳体育运动学校的基础上重新组建的一所特色学校,以培养高水平篮球后备人才为主,实行股份制管理,市场化运营。辽宁省篮球协会以管理技能、技术力量等无形资产入股,占学校股份30%,沈阳体育运动学校以场地器材、教学设备、校舍、管理人员等有形资产入股,占70%股份。招生范围已从东北三省逐渐推向全国,在校学生除进入高水平体育俱乐部、优秀运动队外,还可以进入高等院校的运动队。

3.有偿型体育俱乐部

例如,南京市体育局在17个项目的业余训练中试行有偿训练,取得了较好的效果。通过对青少年运动员的有偿训练实践,不仅增加了训练的社会投入,而且调动了社会的积极性,实现了运动员从"要我练"到"我要练"的转变,促进了竞技体育后备人才的成长。该市参加江苏省第13届运动会的502名运动员中有近200人是经过有偿训练的运动员,表明青少年业余训练走向市场在一定地区的可行性。

立足于全局展开分析,我国大中城市当前都已经建立了培养竞技体育后备人才的青少年体育俱乐部,尽管有规模小、运作过程有待规范、质量无法保障的问题,但具有深远意义。各类俱乐部不但能够在当前的业余运动训练系统外发展出另一条生产后备人才的流水线,促使后备人才总量逐步增加,而且能够和体校办学形成竞争关系,推动市场机制的资源配置作用更加突出。我国应当制定并优化有关法规,更加规范地管理社会办俱乐部,有效避免资质不足的单位对市场秩序产生破坏,从而出现后备人才市场失范的情况;建立和优化后备人才交流的有关制度,推动相关的培养主体在条件同等的情况下竞争,从而让培养单位获得适度的利益回报;进一步明确后备人才产权,严格遵循"谁投资、谁收益"的原则,从而逐步形成有偿培养、有偿输送制度。

(五)中小学运动队

普通中小学运动队是在教师或教练员指导下,利用课余时间对部分体育基础较好的学生,进行科学、系统训练的一种组织形式。在我国业余运动训练体系中,中小学运动队属于初级训练形式。由于中小学运动队训练工作具有基础性和业余性的特点,各类学校运动队的教练员大多由本校体育教师担任,学生必须在保证学习的前提下参加业余运动训练和比赛,学校对运动队的人、财、物等各方面条件的投入都非常有限。因此,中小学运动队的任务更多地表现在普及体育运动、推动学校体育发展方面。

中小学在选择具体项目时,应当把体育和教育部门对该地区运动项目的布局、本校各类运动项目的发展情况都考虑在内,努力让本校训练项目和本地区重点项目的布局保持统一,如此对争取训练经费、培养与输送人才都有很大的积极作用。

中小学运动队应当合理控制并最终确定运动项目的数量,通常着重抓好1~2个项目即可,如此能把学校的人力、物力、财力都充分集中起来,也能把教师的热情和主动性充分调动起来,还能让个别项目慢慢演变成传统。在设立运动队时,教师应当结合具体情况确定出单一运动队或混合运动队,或成立多层次的相互衔接的多年级运动队,有的地区和学校还把同年级代表队集中到一个教学班,以便统一训练、学习和管理,这种形式的代表队亦称"体育班"。

需要注意的是,中小学运动训练应以打好基础、注重身体全面训练为主,使运动员在训练中掌握好基本的技术和技能,反对不顾学生身心特点、盲目追求运动成绩的成人化训练。

第七章　社会体育管理

社会体育是我国体育事业的重要组成部分,是人们社会文化生活中不可缺少的内容。随着国家经济发展和人民生活水平提升,社会体育开展愈发广泛且快速。为了提高全社会的体育意识,顺利实现全民健身计划的宏伟蓝图,使人民拥有健康体魄,加强社会体育管理是一项必须完成的任务。本章就来研究社会体育管理,分别从社会体育、社区体育、农村体育和职工体育这四个方面去研究。

第一节　社会体育管理概述

1995 年 6 月 20 日,国务院颁布了《全民健身计划纲要》,首次提出发展全民健身运动,实质上也促进了社会体育的诞生与发展。经过多年来的实践,我国社会体育发展成效显著,人们的体育参与意识日益增强,体育活动丰富多彩,各类社会体育组织日益发展壮大,形成了以社区体育、农村体育为重点的社会体育发展新格局。2016 年 6 月 23 日,国家发布了《全民健身计划(2016—2020 年)》,作为"十三五"时期开展全民健身工作的总体规划和行动纲领,将全民健身作为健康中国建设的有力支撑和全面建成小康社会的国家名片。

一、社会体育管理的概念与特点

(一)社会体育管理的概念

社会体育是指在闲暇时间内居民自愿参加的,以增强体质、愉悦身心、增加人际交往为目的的体育活动。在我国不同发展时期和各种环境中,社会体育显示出不同的形式和特征,表现出各异的社会结构与功能。这种现象不仅体现在管理思想与管理观念上,也体现在管理目标、管理方式、管理体制等诸多方面。

社会体育管理是指在社会体育组织中,管理者通过相关活动进行资源整合,为实现社会体育目标所进行的计划、组织、协调、控制等一系列过程。它以实现社会体育目标为出发点,采取一系列管理方法、管理措施,整合人力、财力、物力、时间、信息等资源,进行一系列的计划、组织、实施、控制等活动。

(二)社会体育管理特点

1. 管理目标的多样性

管理目标的多样性是指社会体育管理主体具有多元性,社会体育的活动形式和内容丰富多彩,这在客观上决定了社会体育管理目标的多样性。一般而言,社会体育工作目标包括提高国民身体健康和体质水平,发展体育人口,宣传社会体育活动,筹集社会体育经费,建设社会体育场地设施,培训社会体育骨干和社会体育指导员,开展各种类型的社会体育活动,等等。所以,社会体育组织的管理目标的内容应该多样化。

2. 管理边界的模糊性

管理边界的模糊性是指社会体育活动的开展过程中常常涉及多个部门、组织、行动主体的合作与协助。社会体育管理者需要协调各级各类组织之间的目标与行动,需要协调和控制各个行动主体的认识与行为。在实践中,社会体育组织经常与文化、教育、娱乐、治安等部门进行协调与沟通,因此社会体育组织与这些系统的管理活动夹杂在一起,体现出边界的模糊性。

3. 管理系统的复杂性

管理系统的复杂性是指由于社会体育的参与者涉及全社会的各行各业的人们,在社会体育管理中既有独立、官方的政府体育部门,也有非正式的民间社会体育组织;既有各企业单位的体育机构,也有分散在各个地区的社会体育指导员。同时,参与者的分布地域、社会地位、职业性质、活动目的各不相同,这进一步增大了社会体育管理的复杂性。

4.管理主体的多元化

管理系统的主体化是指随着我国体育体制改革不断深化,体育行政职能越来越规范,长期以来政府负责社会体育发展的形式被打破,社会力量逐渐发展壮大,这决定了我国社会体育管理主体呈现出多元化特征。同时,社会体育的管理资源基本来自社会,受到多种社会因素的影响,这也进一步增强了社会体育管理主体的多元属性。

二、社会体育管理的目标与任务

(一)社会体育管理的目标

目标是管理活动的出发点和落脚点,社会体育管理目标的多样性与管理主体的多元性之间构成了我国社会体育管理活动的基本特征。比如增强人民体质,提高健康水平,增加人们的参与度,创建积极和谐的运动氛围,推广某项体育赛事,刺激居民体育消费等,构成了各异的社会体育管理目标。从社会体育管理的内涵和社会体育发展规律看,社会体育管理目标的内容可以大致归纳为以下几类。

(1)增加社会中参与体育活动的人数,提高体育人口占社会人口的比例。

(2)动员一切社会力量加强对社会体育事业的资金支持与投入。

(3)以行政立法的形式在城乡规划和建设过程中规定体育场地面积和体育设施的数量,鼓励社会和学校的体育场地及体育设施在适当条件下向外界开放。

(4)培养社会体育管理人才,发展社会体育管理和指导员队伍,增强社会体育服务功能。

(5)定期对公民进行体质检测,对全民健身活动进行调查,促进国民体质发展水平。

(二)社会体育管理的任务

1.壮大体育参与人群

改善与提高人们的健康水平是社会体育的根本目标,而将这一目标落实到社会体育管理工作中则需要广泛开展形式多样、健康文明的社会体育活动,动员更多的人参与社会体育活动。所谓使更多的人参与,一是要使正在参与的人坚持下去;二是要使中断参与的人重新参与;三是使尚未参与的人尽快参与。

2.改善人们健身活动的环境

为了使更多的人参与体育健身活动,不仅需要营造一定的舆论氛围,还需要提供一定的物质保障条件。要通过各种宣传活动,引导激励人们崇尚体育健身、积极参与体育健身、科学健身的理念,使全民健身成为社会的普遍共识;要为人们参与健身活动创造更好的条件,不断建设和完善由体育设施、体育组织、社会体育指导员队伍和法规制度等组成的多元化体育服务体系,以支持、吸引、动员更多的人参与全民健身活动。

3.引导人们的健康投资

健康是人们生存、享受与发展的基础和资本,向体质与健康投资,进行体能与健康储备,如同知识储备与能力储备一样重要。进行体质与健康消费,就如同人们进行教育消费一样,应当成为人们日常消费的一部分。社会体育工作应当在开展群众性体育活动中引导人们进行体质投资,不断满足人们的不同体育需求。

4.传播优秀的体育文化

我国在历史发展进程中创造了辉煌灿烂的体育文化。如今的体育事业发展,一方面要继承和发扬我国优秀的民族传统体育,另一方面要借鉴和吸纳外国优秀的体育文化理论,同时在实践中创造具有中国特色的体育知识和技术,在新的时期继续发展我国体育文明。

5.不断完善社会体育管理体制

社会体育必须服务于社会经济的发展需求,社会体育管理活动必须以满足增强人民体质,改善人民健康的要求为目标。因此,必须建立起与社会主义市场经济体制相适应的体育管理体制与运行机制,进一步规范和明确各级政府部门的责任和义务,确定与完善相关的管理制度与管理方法,逐步形成政府进行宏观调控、社会负责具体实施、国家与社会共同参与的社会体育发展模式,不断扩大和提高公共体育产品和服务的水平和质量。

三、社会体育管理的基本原则

(一)宣传教育性原则

人在课余和业余时间才有机会进行社会体育活动,运动的动机主要也是满足自我需求。因此,要通过有效渠道进行宣传教育,帮助大众树立正确的体育价值观,加深对体育的认识和见解,激发他们自觉进行体育锻炼,这样才能产生参与体育活动的内在需要和主动行为,精神愉悦地投入社会体育活动之中。

(二)指导性原则

指导性原则有双层含义,一是指国家体育总局和省、区、市体育行政部门以政府主管体育工作的职能部门的身份,代表国家对各行业、各社会群体、各群众组织的体育健身活动进行领导、指导、部署、协调和监督的原则,由于社会体育管理系统十分复杂,因此在体育行政部门功能中需要相关领导部门发挥指导性作用。二是由于社会体育涉及面很广,不同地区、行业和企业单位,其所处的环境、经济物质条件、科学文化水平等都不尽相同。参与社会体育的人对体育的需求程度、价值取向等有巨大差别,形成这种差别的影响因素是年龄、职业、文化程度和性别的不同。加之各行各业的人闲暇时间不一,余暇生活的方式迥然不同,因此开展社会体育的形式、内容和方式等不要强行一致,不宜用简单的行政命令去要求,而应以指导性原则为主。

(三)法制性原则

社会体育活动的参与者职业各异、需求不同、年龄跨度极大,对如此复杂的人群进行管理,仅靠一些组织机构内部的自我管理与要求是难以协调、指导、规范社会全体成员参与体育活动的,因此,在指导大众进行社会体育活动时必须依靠法律手段。一方面,要建立健全所有社会体育工作的法律法规,保障社会体育持续稳定和健康地发展;另一方面,在社会体育组织内部也要确立规章制度,以维护组织活动的良好秩序,保护组织成员的合法权益。

(四)创建性原则

社会体育工作重在创建,创建满足人们不同层次体育需求的条件是社会体育持续发展的重要保障。各级政府及社会各界一方面要通过法规、政策、制度等来引导和规范它们的发展;同时还要在人力、物力、财力等方面对社会体育进行扶持,为社会成员的锻炼健身提供物质、资金、场地等多方面的支持,确保人民真正享受到参与体育活动的权利,这也是社会体育发达国家的发展经验。

(五)协作性原则

社会体育是一项服务全民的事业,各级管理部门需要密切配合,相互协作。这就要求有关社会体育管理部门做到纵向管理和横向管理的有机协作,推动各部门合力办体育,形成相关的体育协会,把部门体育落到实处。

四、社会体育管理体制

（一）社会体育管理体制的概念

社会体育管理体制是社会体育管理的机构设置、权限划分、运行机制等方面的体系和制度的总称，是实现社会体育总目标的组织保证。一个国家或地区的社会体育管理体制往往受到本国的政治、文化、经济以及国家制度、历史传统等多方面因素的影响。全球的社会体育管理体制一般有三种类型。

（1）政府管理型。特征是由政府设立专门的机构进行社会体育管理。政府有高度集中的权力，采用行政方式从宏观到微观对各个层次进行全面管理。

（2）社会管理型。特征是由各种社会体育组织进行社会体育管理，政府一般不设立专门的社会体育管理机构，很少干预相关事务。

（3）结合型。由政府和社会体育组织共同管理社会体育的体制。

（二）我国现行的社会体育管理体制

目前我国实行的社会体育管理体制是处于由政府管理型体制向政府与社会结合型管理体制改革过程中的过渡时期。下面说明我国社会体育管理系统的情况。

1.政府管理系统

（1）政府专门社会体育管理系统

该系统是社会体育管理的主系统，由政府体育行政管理系统中各级社会体育管理机构组成。国家体育总局群体司是管理社会体育的最高职能部门，其具体的任务和职能有研究拟定社会体育工作的政策法规和发展规划；推动全民健身计划，监督国家体育锻炼标准实施，监测国民体质；指导和推动学校体育、农村体育、城市体育及其他社会体育的发展。

（2）政府非专门社会体育管理系统

在政府非专门管理系统中，部分尚未设立体育管理部门。国务院其他部门在各自的职权范围内进行体育工作的管理工作，其中包括社会体育工作。此系统有两种管理类型，一是国务院有关部门按照国务院体育行政部门的统一部署，直接领导和管理本部门的体育工作，比如教育部主管学校体育工作，国家民族事务委员会负责少数民族群众的体育工作等。另一种是国务院的相关部门在自己职权范围内开展与体育有关的业务管理工作，比如民政部依法对全国性体育社会团体进行登记和管理，公安部依法对群众性体育活动中的治安问题进行管理。

2. 社会管理系统

（1）体育社会组织

我国现有体育社会组织主要有各级体育总会、单项运动协会、行业体育协会和社会团体的体育协会等。各级体育总会包括中华全国体育总会和县级以上地方体育总会，是在民政部门登记的体育社会团体，是群众性体育组织。各省、自治区、直辖市体育总会，全国性单项体育协会，全国性行业系统体育协会，中国人民解放军的群众性体育组织都可以申请加入中华全国体育总会，成为其中的会员。各省、自治区、直辖市；地级市、地区、自治州、盟；县、县级市、区、自治旗都可以成立地方性质的体育总会。

（2）其他社会组织

某些社会组织比较庞大，有多个部门，其中包括体育部门。如工会、共青团、妇联等都有下属的体育机构，负责管理组织职工、青年和妇女的体育活动。工会、共青团、妇联等社会团体作为某些特殊群体的群众性组织，与这些群体有着密切的联系并产生较为深远的影响。同时，这些社会团体组织系统十分完善，组织机构相对健全，这些社会团体对团体内成员的体质与健康要尽一定义务、负一定责任，成为组织其成员开展体育活动的主要力量。

3. 基层社会体育组织

基层社会体育组织可以分为公益性组织和经营性组织两大

类。公益性社会体育基层组织针对群众体育活动,它是由具有共同体育兴趣爱好的人们自发组建起来的区域性体育组织。下面阐述我国的公益型社会体育组织。

(1)街道社区体育组织

街道办事处作为全市或市辖区政府的派出机构,是城市管理的基础层次。街道办事处要负责开展群众性体育活动、增强当地人民体质的政府职责。由于街道办事处没有体育行政部门,因此,相应地产生了以街道办事处为依托的社区体育协会。目前,我国大多数街道办事处相继成立了社区体育协会,这是最普遍的基层体育组织。此外,还有依托某个区域管理机构或驻地实体和有一定规模和条件的企事业单位的地区体育协会,依托住宅区管理机构的住宅小区体育协会等。这些群众性的基层体育组织的开创与建立,作为街道办事处、区体育行政部门或某些机构行政的助手,负责组织、协调和管理当地社会体育工作。

(2)乡镇体育组织

乡、民族乡、镇政府是我国农村地区的基层政府。由于我国法律规定体育行政部门在县级以上政府才可以设定,乡级政府不能设立体育行政部门,因此,为了发展乡村的体育事业,各乡村根据各自实际发展情况建立了不同类型的体育组织。有的乡镇设立了体育领导小组或全民健身领导小组,由领导担任组长;有的乡镇设立了乡镇体育协会或乡镇体育总会等。这些基层体育组织有的代表乡镇政府,履行体育管理的职权;有的作为乡镇政府的助手,组织协调当地体育工作,开展群众性体育活动。我国乡村地区的这些基层体育组织成为我国农村体育的重要组织力量。

(3)基层单位体育协会

基层单位体育协会是指我国基层企业、事业、机关单位的体育协会,群众性和业余性的色彩较为浓厚。基层单位体协一般由单位工会负责组织领导。它的任务是在单位内部开展体育活动,动员单位职工参与体育锻炼和体育竞赛,丰富职工的业余生活,保障职工的身体健康,发展运动技术水平,提高人际交往能力。

（4）体育指导站

体育指导站是指某地的体育行政部门或街道、乡镇政府领导下全面开展群众性体育活动的体育组织。体育指导站分为综合性体育指导站和单项性体育指导站。通常情况下,体育指导站有三种职能。一是组织职能,即吸引和组织群众前来参与体育活动;二是指导职能,即对参加体育活动的体育爱好者进行科学的体育指导;三是阵地职能,体育指导站为活动者提供场地,并保证体育活动健康、文明、安全。

（5）青少年体育俱乐部

为了落实《全民健身计划纲要》中"社会体育以青少年为重点"的指导思想,为广大青少年参加文明、健康的课外体育活动提供良好的条件,同时为培育社会组织的力量,充分利用和挖掘现有的社会体育资源,国家体育总局根据我国国情,借鉴国外发达国家的发展经验,自 2000 年起,我国依托学校、体育场馆、社区、基层单项运动协会创建了多个青少年体育俱乐部。这种组织形式具有公益性质,是今后国家倡导并引导发展的旨在广泛开展青少年体育活动的社会组织。

第二节　社区体育管理

一、社区体育功能及管理特点

（一）城市社区体育的基本功能

1.丰富社区居民生活,促进社区和谐发展

社区体育有序展开体育活动是社区精神文明建设和社区管理的重要体现。通过开展和组织形式多样、内容丰富、多层次、宽领域的体育活动,可以丰富社区内居民的闲暇生活,培养居民参与体育的热情,促使他们形成"健康第一"、"终身体育"的意识,构建和谐的社区体育环境。

2.提升居民的生活品质

随着社会经济的发展,社区体育活动的发展程度必将逐渐成为评价社区居民生活品质的重要因素之一;社区体育开展的范围和程度,不仅关系到社区体育的管理是否有效,也涉及社区社会功能的实现程度。社区内的体育活动越丰富,形式越多样,参与规模越大,居民的生活质量就越高。社区体育活动的组织状况与成效对现代社会的发展起到的推动作用就愈发明显。

3.促进健康文明的社区氛围形成

社区体育开展情况对社区精神文明建设有重大意义。通过组织开展社区体育活动能够提升整个社区的文化生活水平,稳定社会秩序,增强社区意识,服务社区成员和共同繁荣社区;能够让社区居民增进社会交往,协调人际关系,增进邻里之间的互敬互爱,建立文明生活。

4.繁荣体育市场,促进体育产业发展

积极开展社区体育活动不仅可以直接增强居民的体质,而且能潜移默化地促进人们体育的消费意识。随着人们生活水平越来越高,"花钱买健康"逐渐成为居民的消费观念,更是成为一种积极的生活方式。社区体育活动的普及性和开展的非连续性可以刺激或诱发居民增加体育消费,促进各种社区体育器材等产品的制造和生产,对繁荣体育市场、发展体育产业具有重要作用。

(二)社区体育管理的概念与特点

通常意义上的社区是指进行一定的社会活动、具有某种互动关系和共同文化维系的人类群体及其活动区域,通常是指居民委员会的辖区。而社区体育是指在城市中以社区为单位,把社区内所有居民视为主要对象,以社区内的体育设施和环境为物质基础,就近开展的区域性体育活动。社区体育管理是指管理者通过相关方式进行资源整合,为了实现社区体育目标所进行的一系列的计划、组织、协调、控制、创新的综合活动过程。城市社区体育管理具有如下特点。

1.管理活动的区域性与开放性并存

由于社区体育是以整个社区为总体范围,就地就近开展的区域性体育活动,所以区域性活动属性是社区体育的发展特征。与此同时,社区内开展的体育活动一般来讲并不排斥社区外的人参与,甚至还会吸引或邀请其他区域的单位或个人与社区内的居民一同参加社区体育活动,这就显示出社区体育活动的开放性。

2.管理手段多样性与单一性并存

从社会体育管理的总体来看,社区体育开展的一切活动项目往往都或多或少地受到社区文化和习俗的影响,也受到各种环境因素的作用。通常情况下,在社区体育管理中管理手段的选择也要注重因时因地,必须结合民间性、民族性的体育项目特点,选择恰当的管理手段推进社区体育目标的实现。社区居民较为喜爱的健身方式有太极拳、太极剑、导引养身功、木兰扇、柔力球、扭秧歌、广场舞、跳绳、踢毽、游泳、自行车、慢跑等。对于不同活动项目的参与人群、不同的地区特点与民族特征,需要灵活选取管理手段。同时,从社区体育的普遍发展规律来看,由于社区具有居民相对固定、资源相对有限、传统项目稳定等特点,社区内逐步形成相对固定的项目类别,这样又使得管理手段趋于专门化和单一性。

3.政府主导性与管理自治性并存

现阶段,我国大部分社会体育活动依旧由政府系统进行主导和负责,从社区体育发展的重点、目标、措施,到团队建设、组织建设、场地设施配套等,都是由地方政府的体育行政部门进行指导和管理,社会体育管理呈现出政府的主导性。同时,由于社区内居民的性别、年龄、职业、民族、生活习惯、文化程度、兴趣、运动水平、健康状况、个人需求、业余时间以及所处的社会地位各不相同，政府对居民进行统一组织和管理肯定是行不通的，所以相对应地出现了许多由体育爱好者自发组织并形成的各种自治性体育活动组织，也就是大家口中的"草根组织"。这类组织具有组织自发、项目自定、经费自筹、活动自治理等诸多特性。

二、社区体育管理的目标与任务

（一）社区体育管理的目标

社区体育管理的目标主要包含两方面。一方面是提高居民的身体健康水平和生活质量，增强社区居民的体质，使社区居民形成良好的生活方式，丰富业余生活；另一方面通过多样的社区体育活动使大家互相认识、互相熟悉，增进邻里间的感情，提高整个社区的凝聚力。社区内的体育资源包括社区体育管理者和指导者、活动经费、场地设施、社区居民、社区体育组织等。通过社区体育管理，要使有限的体育资源尽可能被利用起来，实现资源的自身价值。社区体育管理要求社区体育管理组织和管理者在社区内开展体育活动，对体育活动进行计划、组织与控制等管理职能，使社区体育和谐、有序、高效地运行。

（二）社区体育管理的任务

1.制定社区体育工作计划

社区中的体育组织确立了管理体系后，就要结合本社区实际情况，制定社区体育工作计划。社区体育工作计划的制定需要管理人员进行广泛深入的调查，全面了解社区体育的资源、居民的需求以及影响社区体育发展的宏观环境因素，并对这些因素的未来进行预测，从而得出今后社区体育的发展目标以及为实现这些目标采取什么样的对策和措施。每个社区体育工作计划都要与社区服务总体规划、社区体育发展规划的目标相一致，要符合社区的实际情况，注重可行性和科学性。

2.建立社区体育组织

社区体育的开展需要建立成熟、完善的组织体系。在组织机构上，一般要成立市、区人民政府有关部门、街道体育组织、居委会体育组织和体育活动点这四种层次的社区体育组织管理机构，由区政府牵头，以街道为主体、社区居委会为依托、体育活动站为基地，全面打造社区体育组织管理体系。

3.开发社区体育资源

社区内的体育资源主要包括人力资源、财力资源和物力资源。社区体育管理机构要通过培训和教育，重点培养和发展一批有一定组织能力和业务水平、热心服务百姓的社会体育指导员，建设社区体育骨干队伍。开展社区体育离不开充足的资金，除了得到政府的扶持外，社区体育组织还应积极行动，拓展社区体育资金的筹集途径，如辖区单位集资、赞助、缴纳会费或收取比赛报名费等，动员社区内各方面的力量，解决社区体育的资金问题。体育场地设施是社区体育活动得以顺利开展的保障，社区体育组织应与市、区体育部门和其他有关单位进行协调，充分利用本社区的体育场馆设施，以保证居民能够利用场地进行社区体育锻炼，参加社区体育竞赛。社区体育组织应有计划地利用、开发和拓展各种体育场地设施，如建立各种体育活动中心、辅导站等，同时要做好体育设施的管理工作，使其发挥最大效能。

4.组织社区体育活动

社区体育活动主要包括体育活动站组织的锻炼活动和定期或不定期的竞赛两个部分。社区体育竞赛的开展与其他业余体育赛事的开展并无二致，因此，社区体育活动的组织工作重点是加强体育活动站的管理。

目前我国社区体育活动站基本都属于自发产生的非正式组织，组织规模不大，易于居民参与，是吸引和组织社区居民参加体育活动的有效形式。社区体育活动站虽然比较实用和接地气，但由于自身性质和特征,也存在一些必须要解决的问题,需要进一步加强管理。应将其纳入正式的社区体育组织体系中,得到政府部门和社区的支持。

5.建立健全社区体育管理的规章制度

社区体育管理的规范化要求按照一定的规划、方式、程序去管理,在社区体育组织体系中,各级管理机构要做到切实按照规划去实施管理,在实际运作过程中避免随意的行为。为此,社区体育协会等体育组织要出台相关活动性组织的管理性规则。市、区政府等行政组织管理部门不但要制定各种基层体育组织的管理规章制度,还要定期开展检查监督工作。

三、社区体育管理的基本原则

(一)从实际出发,立足居民需要

社区体育必须要满足社区成员的体育需要,这是社区体育管理的立足点。社区居民的年龄结构、职业特点、人口素质、经济状况、文化水平、地域环境等方面都有很大差异,其体育需要呈现出不同特点。因此,开展社区体育一定要因地制宜,从居民的实际出发。应当优先开展群众喜闻乐见、要求迫切、对资源要求不高的体育活动。在普及的基础上再进一步决定社区体育活动的内容,不断提高体育活动的质量以满足不同居民的需要。

(二)坚持把社会公共利益放在首位

社区体育是社区活动服务中的重要内容,具有公益性与福利性。社区体育场所和体育设施一般免费对居民开放或者低价收费,这就显示出明显的公益性。只有这样,才能使广大社区成员普遍参与社区体育活动,充分享受社区给居民带来的福利。因此,开展社区体育必须以社区内居民参加体育运动为出发点,防止为了追求经济利益而牺牲社会利益的情况出现,始终坚持社会效益,服务百姓。

（三）积极动员社会力量支持

社区体育是根植于群众的群众性体育活动,动员居民群众广泛参与是发展社区体育的根本所在。对社区居民进行组织和动员,仅仅依靠社区政府的力量是远远不够的,借助于各种社会力量共同合作,共同发展体育活动是社区体育发展的必由之路。社区体育资金的筹集也离不开社会力量,广泛吸纳社会资金介入体育,不仅可以解决自身资金不足的问题,还可以更加广泛地调动社区中各种积极因素的活跃与发展。只有真正调动起社区各方面的力量,辖区的企事业单位和社区居民广泛参与,才能让社区体育保持强劲的活力。

（四）注重科学性与实效性

社区体育活动的开展必须坚持科学、实效的原则。在实践中要加强体育与健康的理论宣传,积极组织并邀请体育专家莅临,对群众的体育活动进行指导,这些都是为了增强群众体质、提高群众健康水平。在社区体育管理中注重科学性与实效性,社区体育才能够持久深入地开展下去。

四、城市社区体育管理体系

（一）政府管理系统

社区体育管理的政府部门包括当地人民政府、体育部门、教育部门、文化部门、民政部门、城市规划部门等。各部门都有着自己的职责,下面分别进行阐述。

各级人民政府下属的各个街道办事处是社区体育的领导和管理部门,主要职责是将社区体育工作纳入基层社区发展总体规划中,作为社区的精神文明建设的重要内容。通过计划的实施发展社区体育,为居民参加体育健身活动创造良好的社会环境和物质条件是人民政府的义务和职责。

国家体育总局群体司城市体育处及各省、市、区体育局群体处是社区体育工作业务主管部门,主要职责是根据国家制定的体育方针、政策支持和指导社区体育工作,制定社区体育的发展规划和工作计划以及各项管理制度。

民政部门的主要职责是根据管辖内街道办事处的管理、协调、指导、服务等职能,把社区体育的开展工作视为街道办事处的一项工作职责,将社区体育作为社区建设的一部分,进行全面统筹规划和评估,在政策上进行扶持。

城市规划部门的主要职责是根据国家城市公共体育设施用地定额指标的相关规定,在城市总体规划和详细规划中将居民住宅区的公共体育设施建设纳入其中,做到合理布局,统一安排。

文化部门的主要职责是在社区的文化建设之中,重点发展社区体育文化。社区内形成广泛的体育文化对社区居民增强体质、丰富文化生活、提高生活质量等方面具有积极意义和作用。

教育部门的主要职责是促进社区附近的学校体育设施在休息时段服务于社区居民,发挥学校体育教师、体育设施在开展社区体育活动中的积极作用,在客观上也提高了学校体育设施的利用率。

(二)社区体育组织

街道社区体协(也称街道文体协会)是社区体育的主要形式,该组织形式诞生于 20 世纪 80 年代。街道社区体协以辖区内的街道为范围,以基层政府的组织机构街道办事处为依托,由辖区各单位和下属各居委会参与共同组成。街道社区体协采用理事会制度,机构附设在街道文教科、文化站或社区服务中心,是一种街道辖区内的体育联合团体。街道社区体协下设人群、项目体育协会,晨晚练活动站和居委会体育小组等。

我国社区体育以街道社区体协为主,以其他区域性体协为辅,显示出组织结构基层化的特点。街道社区体协属于上位管理型组织,体育协会、体育俱乐部、体育辅导站、体育服务中心、晨晚练活动站、辖区单位体协、居委会体育小组等组织是下位活动型组织。

第三节　农村体育管理

一、农村体育管理的概念与特点

（一）农村体育管理的概念

农村体育是指在农村区域范围内，以农村人口为参与主体所开展的多种体育活动。农村体育是我国体育事业的重要组成部分，是农村精神文化建设的重要方面。

由于农村的自然地理特征复杂，加之偏远、贫穷的现状不是一两天就能改善的，所以农村体育的发展应该重点围绕乡镇开展体育活动。以乡镇为核心，辐射整个村、屯的体育发展，这是一条值得尝试的农村体育发展之路。因此，我国现阶段的农村体育问题实际上主要是解决乡镇体育的发展问题。乡镇体育发展的主要目标是普及辖区内群众的体育运动，通过村民积极参与体育锻炼，带动和影响区域内的不同人群，从而让广大农民同胞学习科学健身的知识，提高身体素质，丰富业余文化生活，推进农村地区的文明建设，实现城乡协调发展的体育发展目标，真正实现全民健身的目的。

农村体育管理是指农村的体育管理者通过一定方式整合资源，为实现农村体育目标所进行的计划、组织、协调、控制和创新的一系列活动过程。农村体育在整合农村和乡镇的资源方面必须调动社会各类资源，把握好机遇，借助于各种传统的节日和大型活动，以此为契机重点开展农村体育活动。农村体育的开展要与所处的地域环境相结合，与村镇的经济发展状况相衔接，要考虑到体育活动的可持续性发展，选择有一定群众基础的体育项目，推广时下比较流行和热门的项目。组织开展乡镇体育活动还要以增强农村居民体育参与意识、扩大参与范围为宗旨，在活动中把握好引导性和示范性，关注对整个村屯的辐射效应和影响效果的考察与评价。

(二)农村体育活动方式与管理特点

1.农村乡镇体育活动方式

农村地区的农民在生产方式、生活环境和生活习惯等方面与城市居民差别非常大,导致其体育活动方式的差异性很大。我国农村乡镇体育活动主要有三种参与方式。

(1)个人和家庭共同参与体育。这种活动形式充分利用了每一个家庭的闲暇时间,能促进家庭成员之间的了解,保持家庭的和睦。

(2)村级锻炼小组的体育活动。这类体育活动在富裕地区的乡镇与村落中广泛进行,多是按照一定的计划安排活动,由专业的体育人员进行组织,村民能获得比较好的锻炼效果。村级锻炼小组活动的进行可以有组织地丰富村民的余暇文化生活,并能保持社会稳定。

(3)乡镇体育指导站的活动。随着农村体育活动在我国广泛开展,农村经济发达地区的体育先进乡镇中体育活动人口逐年增加,活动内容和项目也愈发丰富,并先后形成一批完整的活动与健身场地,有的还建立了与乡镇文化中心平起平坐的体育中心。

2.农村乡镇体育管理特点

(1)季节性

一般而言,我国大部分农村地区的居民在生活方式、生活习惯上具有一定的共性,村民的体育意识和运动观念往往决定了开展的体育活动的内容、活动频率,活动过程呈现出生产生活的色彩,锻炼时间呈现明显的季节性。一般来说,农民在农忙季节无暇顾及体育活动,最多在间歇时间偶尔进行;在农闲时节和节日期间,体育活动才彰显出广泛的社会性,也促使自发性体育活动的诞生、延续和发扬。这一特点也决定了农村体育管理必须根据农村季节特征和节日方式进行组织和开展。

（2）灵活性

农村乡镇组织体育活动可以以个人为单位,也可以以群体为单位;可由社会集团组织,亦可由参与者自发组织。农村体育的身体锻炼,更是丰富多样,因人而异,没有固定的模式。因此在管理上就要做到因人、因时、因地、因项进行体育活动,做到灵活掌控。

（3）传统性

在我国农村地区,传统体育有着悠远的历史。在一些地方和少数民族地区中,很早就开展了武术、摔跤、龙舟、赛马等民间体育竞赛。农村地区的体育内容乡土气息浓厚,体现出明显的文化传承。如端午节南方农村开展赛龙舟,北方农村正月春节的社火、舞龙、舞狮、踩高跷、扭秧歌等。因此,结合当地传统民俗文化,采用文体结合的形式开展体育活动是农村地区的特色。

（4）简易性

由于我国农村经济基础非常薄弱,部分地区发展落后,不少地区依旧严重缺少运动场地和运动设施,农村体育活动往往是在极其简陋的环境下进行的,因此,农村体育的发展切不可盲目。同时,还必须善于整合各种资源,积极调动正面力量,尽量争取更多村民的参与,把各种可利用的资源整合在一起,力争发挥最大的效率。

（5）教育性

广大农村地区整体的体育观念相对落后,有些观念把劳动与体育画等号,认为劳动能代替体育的观念依然是部分村民的主要思想。要使大多数村民能自觉地、科学地、有组织地进行健身锻炼,是农村体育管理者的一项重要工作。因此,农村体育管理者必须把体育活动与教育示范和辐射效应联系到一起,加强对村民的体育理论教育。

二、农村体育管理组织形式

农村体育的管理部门可分为政府管理部门和社会管理部门,

在实际的管理形式上采取五级垂直管理模式,分别为省体育局、市体育局、县文体局、乡文化站和社会体育团体。

(一)政府管理部门

农村体育政府管理部门的构成,在中央、省、市一级管理层次上,与城市社区体育的管理体系没有太大区别。但从行政系统来看,县一级政府体育主管部门在农村体育管理中具有更大的责任和作用。然而在 20 世纪 90 年代中期进行的政府机构改革中,部分县级体委被撤销,这在一定程度上也削弱了农村体育的管理。

在我国县级体育机构改革中,出现了保留、合并和变更为事业单位等多种形式,有的依旧称为县体委,有的改称为文体委、教体委、文化体育卫生局、体育局、社会发展局、文教体卫委、文教体委、文教体卫广播委等。在改革后的组织名称和规模都有变化,但依旧对发展农村体育负有主要职责。

(二)社会管理部门

农村体育的社会管理部门主要包括管理农村体育工作的各级工会、共青团、妇联、体协等。1986 年,我国成立了中国农民体育协会,从此农村体育有了社会管理部门。中国农民体育协会建立以来,遵照"面向广大农村,广泛开展群众性体育活动,普及与提高相结合,增强农民体质,促进农村两个文明建设发展"的方针,稳步开展了各项工作,取得了明显的效果。

农民体育民间组织是农村地区人民群众自发成立起来,为实现某种共同体育目标的农民体育组织,主要包括基层体育指导站、体育健身点等。这些民间组织的基本目标是根据规程筹集活动经费;发展农村体育会员;增加农村体育人口;为会员提供活动场地、器材和技术指导;组织相关集会或体育竞赛;积极发展与其他体育协会之间的联系,等等。

三、农村体育管理要求

(一)重视体育活动,力争各级领导重视

各级体育主管部门应当明确农村体育在人民体育事业中的基础地位。各级人民政府体育、文化部门各司其职,各负其责,做好农村体育的管理和组织工作,认真贯彻国家有关体育和农村工作的法规及方针。各县级体育领导机构应从战略高度上认识农村体育工作的重要性,乡镇政府应把农村体育事业纳入经济发展的总体规划之中,调研体育工作,成立体育领导小组、农民体育协会以及老年人体协等,由乡镇官员担当主要领导;建立体育站等机构,配备体育专职干部,对农村体育的相关工作进行监督。

(二)调动各种社会力量开展农村体育活动

在农村体育的实际发展中要充分动员和发挥各行业、各系统和基层政权的积极作用,如工会、共青团、妇联和其他社会团体要积极参与农村体育活动建设;鼓励、支持各企业事业单位创办各种形式的基层农村体育组织,努力促进城乡体育社会化,大力倡导社会团体和个人修建体育场所,自行组织体育健身和运动竞赛等。

(三)健全农村体育组织

开展农村体育活动就要建设完整的农村体育组织网络。要充分发挥村民体育协会、村民体育俱乐部、体育辅导站等基层体育组织的作用。有条件的县可以建立社会体育指导中心,乡镇、居委会可以建立体育指导站;县、乡镇、村和居民小区适时建立和发展体育健身点。

社会体育指导中心、体育指导站、体育健身点要根据当地环境和条件整合资源,制定工作计划,有条件的可以配备专业指导人员,安排活动经费。县级体育主管部门和乡镇、居委会要加强体育组织管理,为他们的工作创造一定的环境。特别是要以乡镇

文化站为中心,发挥其阵地作用,以农村体育积极分子为骨干力量,推动农村体育发展。

(四)创造和提供群众健身的必要的物质条件

为了促进农村体育的发展,先要为广大村民提供和创造必要的物质条件。各级人民政府和体育部门要进行适当的投入,采取有效的政策和措施,切实有效地让村民有机会利用体育设施进行锻炼健身。有条件的地区可逐步兴建"两场"(带看台的标准田径场和足球场)、"一池"(游泳池)、"一房"(篮球、排球房);条件比较好的地区还可兴建小型体育馆,争取做到能承办省级的体育赛事;乡、镇应建"一场"(篮球、排球场或田径场)、"一室"(40平方米以上的乒乓球室);乡村学校、厂矿、企事业单位和行政村也要有简单的体育设施。

(五)保护和促进特色体育项目的发展

开展农村体育活动时要侧重于趣味、健身、休闲、娱乐、社交,同时还要注意选择地方色彩浓厚、突出民间传统的项目,体现出"接地气"的特性。要正确引导并大力提倡以特色项目为龙头带动其他项目发展的发展思路.应抓住特色项目,依靠村民对传统项目的浓厚兴趣,在村间掀起体育热潮,提高农民的体育意识,使体育发展为乡镇经济建设服务。

第四节　职工体育管理

一、职工体育管理的概念

职工体育概念是随着现代体育的普及和社会分工的深化而提出来的,专指单位职工组织开展的社会体育。从职工体育的参与对象上看,通常是国家机关、企事业单位的职工开展的群众性体育活动。职工体育通常以广受职工欢迎的运动项目和适合职业岗位工作特点的健身性和娱乐性锻炼项目为主。

职工体育管理是指通过相关方式整合体育资源,促使单位内实现职工体育的目标,而单位开展职工体育的目的主要是提高职工健康水平,调整身心和情绪,增强对各种环境的适应能力,防止职业病等。当前,在社区体育不能完全取代企事业单位职工体育的现状下,职工体育依旧是社会体育的一部分,职工体育管理不但影响着职工体育的发展,而且具有重要作用。

二、职工体育管理体系

(一)政府管理部门

1.政府专门管理系统

职工体育在各级人民政府的统一领导下,由体育行政部门为主管开展各种体育活动。职工体育管理的政府专门管理系统是管理职工体育的专门机构的统称,由国家、省、自治区、直辖市、县各级体育局构成。作为国务院的体育行政主管部门,国家体育总局负责对全国体育事业进行统一领导、协调和监督。各级体育局主管本区域职工体育工作,国家体育总局群体司及各地体育局群体部门负责职工体育方针、政策、制度、规划的制定。

2.政府非专门管理系统

相关部门设立的主管职工体育的机构构成了职工体育管理的政府非专门管理系统。除国家体育总局外,国务院其他部委对本单位系统的职工体育工作尽到管理的责任。

(二)社会管理体系

1.社会专门管理系统

职工体育社会专门管理系统包括中华全国体育总会所属的行业体协和中华全国总工会及各级地方工会。

中华全国总工会系统是我国职工体育的领导机构,各省、市、县工会宣传教育文化体育部负责职工体育活动的具体展开,地方工会以工人文化宫为主要活动场所,产业工会以工人俱乐部为主要活动场所,在行业体协和其他体育管理系统的辅助下以单位为单元全面开展职工体育活动。

各省、自治区、直辖市总工会管理职工体育的机构有的是体育部,有的是宣传部。行业体协在所属部委领导下,作为中华全国体育总会的团体会员,对系统内的体育工作进行负责。它们本身属于群众团体,但又属于开展本系统职工体育工作的职能部门。行业体协由各类单位按系统组成,自成一派。行业体协一般都有很雄厚的财力,较完善的组织机构,较完善的体育设施,经验丰富的体育干部队伍及较为完整的教育体系。通过行业体协组织领导本行业的体育工作,易于管理、协调,活动开展得就相对容易。

职工体育协会在民政部门注册,由地方总工会主管的群众性体育组织和非营利性的社团法人组织。目前各厂矿、企业、事业、机关等基层单位普遍建立了由工会领导的基层职工体育协会,具体负责本单位的职工体育工作。也有少数单位是在基层工会委员会中建立职工体育工作委员会(体育部),或者是文化体育工作委员会(文体部)。

基层社会体育组织一般是在体协的指导下建立起来的,通常有基层体育协会、老年人体育协会、伤残人体育协会及各单项体育协会等。基层体协是群众自愿组成的业余社会体育团体,是中华全国体育总会的基层组织,主要负责本单位的职工体育工作。有少数单位是在基层工会委员会中建立职工体育工作委员会或体育部,也有的是建立文化体育工作委员会或文体部。根据基层组织的发展需要,设专人或相关分工安排日常工作,工会中的主席或副主席分管体育工作。在车间、科、室设体协分会或体育委员,在相应时段开展部门内的体育活动。

2.社会非专门管理系统

职工体育社会非专门管理系统是指共青团、妇联等群众组织系统。我国全民健身计划的实施,为工会、体协与共青团、妇联等群众组织共同开展职工体育创造了良好的时机和条件。因此,工会、体协在开展活动时,应主动寻求共青团和妇联组织的合作与帮助。

三、职工体育管理的基本要求

(一)争取单位领导对职工体育的重视和支持

企事业单位领导对职工体育的态度和认知水平将会直接影响本单位职工体育活动的开展。只有领导充分认识到体育的重要程度,理解职工体育的功能与作用,认识到开展体育活动与单位主业之间的相互联系,才能对职工在体育锻炼上给予充分支持。许多职工体育活动开展较好的单位中,领导重视体育,起到良好带头作用并亲自参加体育活动。为此,职工体育管理部门应当主动向领导汇报、请示体育工作,积极争取领导对职工体育工作的支持与重视。

(二)大力加强职工体育组织建设

我国基层职工体育管理普遍是由隶属于工会的体育协会组织负责,针对这样的现状,应始终加强对职工体育组织建设的力度。职工大部分时间都在室内进行,工作区和生活区距离较近,职工对组织也有很强的依赖性,以俱乐部的形式开展职工体育活动既方便职工锻炼身体、保持健康,又可丰富职工的业余文化生活。职工体协可在俱乐部之外起到宣传、指导的作用。而对于规模较小的单位、机关、企业,可以与发展较好的社区体育相结合来发展职工体育,亦可与社会办的健身俱乐部一同开展相关的体育活动。

(三)组织丰富多彩的体育活动和竞赛

各单位要积极推广有利于广大职工参与的体育健身项目,组织开展形式多样的健身交流、展示和竞赛活动。开展职工体育活动的目的是锻炼身体和丰富业余生活,所以在实际过程中要突出单位特色、趣味性和健身性,充分利用节假日开展体育竞赛。要大力提倡广大职工在工余、双休日、节假日踊跃参与单位举办的体育锻炼和运动竞赛等活动。有条件的机关、厂矿、企事业单位,应向所在社区的居民开放体育设施,为居民参加体育活动创造条件。

(四)积极为开展职工体育工作创造条件

各类机关和企事业单位应把职工体育活动的费用纳入本单位的年度财政预算之中,为职工的体育活动提供经费支持。各级体育行政部门每年应按照一定的比例从本级体育彩票公益金中拨出资金,用来组织和开展职工体育活动。各级工会和职工体育协会要多渠道、多形式筹措资金,积极争取财政经费和社会支持,发展职工体育事业,实现职工体育经费和资源的多元化。

各类机关和企事业单位要积极为本单位职工参加体育健身活动创造条件,鼓励有条件的单位有效利用一切资源和途径,新建职工体育活动设施。要加大体育资源设施的开放和利用,把场地和器材贡献出来服务广大职工,提高运动场所和运动器材的使用率。有条件的机关和企事业单位应当按照《全民健身计划》的要求,定期开展职工体育锻炼测试工作,并把职工体质测试结果作为制定本单位职工体育工作计划的依据,努力提高职工体育的科学化水平。

第八章　体育赛事管理

体育赛事是体育运动发展的重要组成部分,同时也是体育管理的重要内容。体育赛事的举办能够促使体育运动事业得以更好发展,而对体育赛事加强管理能够为体育赛事的顺利开展提供重要保障。本章就体育赛事管理进行研究,内容包括体育赛事管理概述、体育赛事的经营管理过程以及体育赛事营销。

第一节　体育赛事管理概述

一、体育赛事的概念

体育赛事是一次性或不经常发生的活动,具有一定的期限,每一场体育赛事都是一次盛宴,它要求具备不同管理水平的赛事工作人员,如赛事运作人员、门票销售人员、市场营销人员、赛事公关人员、新旧媒体推广、赛事转播及协调供应商等运作团队。

以上这些都是体育赛事所具有的特征,可以归纳为以下几点。

(1)体育竞赛是体育比赛的核心。

(2)体育赛事是不定期发生的活动,具有一定的期限。

(3)体育赛事具有一定的复杂性,涉及政治、经济、文化等领域。

(4)参与者因赛事情况的不同,其目标和目的也不同。

因此,通过对这些因素加以综合考虑,在力求全面的前提下,可将体育赛事定义为:体育赛事是提供以体育竞赛作为核心的产品及其相关服务的,具有项目性与一定影响力的一种体育活动。

二、体育赛事的分类

体育赛事的种类繁多,从奥运会到学校的运动会都可以称为体育赛事,我国目前对体育赛事的划分并没有统一的标准,不同的学者根据研究对象和研究目的的不同给出了不同的划分标准。合理的体育赛事的分类对研究体育赛事具有重要的意义,因此通过以下几个分类标准让大家对体育赛事有一个更加全面的认识(表 8-1)。

表 8-1 体育竞赛的分类标准和具体分类

分类标准	具体分类
以官方提供的分类方法	职业体育赛事
	非职业体育赛事
以体育赛事的规模分类	综合性大型体育赛事
	大型单项体育赛事
	一般型体育赛事
	规模较小型体育赛事
以体育赛事参与人群分类	竞技性体育赛事
	群众性体育赛事
	职业性体育赛事
以参赛运动员的年龄分类	青少年组体育赛事
	成人组体育赛事
以体育赛事举办地分类	室内体育赛事
	室外体育赛事
以体育赛事的项目分类	综合性体育赛事
	单项体育赛事
以体育赛事的季节分类	夏季体育赛事
	冬季体育赛事
以体育赛事的级别分类	基层体育赛事
	地区体育赛事
	全国性体育赛事
	洲际体育赛事
	国际体育赛事

续表

分类标准	具体分类
以体育赛事的组织形式分类	集中组织的赛事
	分散组织的赛事
以参赛者的行业分类	职工体育赛事
	农民体育赛事
	军队体育赛事
	学生体育赛事
以体育赛事的市场化开发程度分类	职业性商业体育赛事
	半职业性商业体育赛事
以体育赛事的目标和组织方的性质分类	商业性体育赛事
	准商业性体育赛事
	公益性体育赛事

三、体育赛事管理的概念

体育赛事是一项复杂的社会活动,任何体育赛事的举办,都会涉及人、财、物等投入的有限性,而赛事本身又需要创造一定的政治、经济、文化效益。所以,体育赛事的举办要具备非常高的效率,对有限的资源进行充分恰当的使用,从而更好地实现其效益目标。因此,体育赛事管理就是一定的组织运用人力、物力、财力和信息等资源,通过计划、组织、协调和控制等职能手段,将体育赛事举办成功,向社会展示体育赛事的全过程。

四、体育赛事管理的组成要素

体育赛事管理具有一般管理学的通性。和其他的管理活动一样,一般来讲,体育赛事主要由管理主体、管理客体和管理中介三部分组成。

(一)管理主体

体育赛事的管理主体是指在体育赛事的管理过程中具有支

配地位和指导作用的要素,一般来说是由管理者组成的管理机构及体育赛事的组委会。体育赛事管理过程中的各项职能都要通过体育赛事的组委会及管理主体发挥作用,在组委会的带领下完成体育赛事的各项目标和任务。

在《工业管理和一般管理》一书中,亨利·法约尔提出管理的14条原则,即劳动分工、权利和责任、纪律、统一指挥、统一领导、个人利益服从集体利益、人员的报酬、集中、等级系列、秩序、公平、人员的稳定、首创精神和团结精神。以上这些管理原则都是每一个管理者所必须严格遵循的,并且在体育赛事管理过程中要进行积极贯彻和执行。

体育赛事的管理是一个动态的管理过程,作为管理主体的管理者需明确体育赛事的总目标和所要完成的任务,并进行合理的分工。这样就间接要求管理者要具备较高的专业技能和素质,充分使用自己手中的权力,运用各种管理手段施加于管理对象。管理者负责制定计划,进行监督和评估,并且随着外界环境的变化及时地调整体育赛事的管理过程。

(二)管理客体

体育赛事的管理客体就是被管理对象,在体育赛事的管理活动中,管理客体主要分为以下几方面。

1.人

人主要是指被管理者,在体育赛事的管理过程中主要包括运动员、教练员、媒体、安保和观众等人员。在对这些人员进行管理的过程中,体育赛事管理者要对不同群体的诉求进行充分地了解。运动员希望有一个场地设施都不错的休息区和热身区,并且不希望受到外界过多的干扰;观众希望有良好的观赛视角和观赛体验;媒体需要最佳的拍摄视角;安保人员需要对整个场地的设施及流程熟知,从而能够很好地协调场地内的事务。面对这些不同人群的需求,进行有针对性地工作以满足对方,从而更好地促使整个体育赛事的满意度得到提升。

2.财

这里的财主要是指在体育赛事活动中涉及的资产、经费等。

财的主要来源包括政府的相关拨款、赞助商和供应商的赞助经费、赛事的转播权销售、门票收入以及销售相关主题纪念品的收入等，表现出了多样化、多元化特征。管理者在处理这些经费时要交给专业的财务管理人员进行管理，保证每一笔经费的流动都有据可查。

3.物

这里的物主要是指与体育赛事相关的物资，包括运动器材、场地设施及赞助商提供的物资。根据物资的具体数量可以对管理信息系统进行有选择地设计以对这些物资进行统一分配。从筹划到结束，体育赛事所持续的时间比较长，所涉及的物资也比较复杂，因此在对这些物资进行管理时，既要使物资的数量得到有效保证，同时还可以利用这些物资创造二次价值，特别是场地设施，一些体育赛事完全可以在不影响比赛正常进行的前提下进行二次开发，降低场馆的使用成本。

（三）管理中介

管理中介是指在实现体育赛事目标的过程中，管理主体为实现管理目标，对管理对象所采取的管理手段，主要包括以下几点。

1.法律法规

在体育赛事管理活动中，管理者通常会采用一些法律法规，为体育赛事法规得以更加科学合理、简便易行的实施提供保障，从而促使体育赛事管理更加制度化、规范化。在使用法律法规的同时要建立体育赛事的管理组织体系，明确各个职能部门的职责，这是体育赛事法规得以实行的组织保障。并且根据设立的法律法规，制定具体的实施办法，设定专门的部门监督其实行。

2.管理工具

体育赛事的管理工具主要包括计算机、网络、运动场馆工具及其他通信工具等。在体育赛事管理过程中,网络是信息得以传递的主要途径,因此保障网络的通畅具有非常重要的意义。在管理过程中,计算机主要用来处理相关的文件和音视频资料,因此组委会需要多准备几台备用机,其他的管理工具还有打印机等办公用品。

五、体育赛事管理的基本理念

(一)统筹规划

体育赛事管理涉及很多方面,主要有竞赛、媒体、赞助商以及后勤,等等。这也就使得统筹规划在整个体育赛事管理过程中具有非常重要的作用,同时赛事整体规划程度的高低也能够将管理团队的专业水平很好地反映出来。规划管理比较好的体育赛事不仅能够将体育赛事举办成功,实现利润的最大化,并且能够给予赛事参与者较高的满意度。

若统筹规划存在问题,那么整个体育赛事也会面临很大的麻烦,特别是在后期,各个环节如果衔接不上,就会出现很多问题,如人员管理混乱等。同样,对于专业水平较低的赛事管理团队来说,在规划的过程中不能充分考虑到赛事的每一个重要环节,就会引起部分人群的不满。例如,在某赛事中,赛事组委会针对媒体这一方面就出现了比较严重的问题。除了工作地点、工作时间比较固定的电视转播团队之外,媒体工作中的其他记者每天都会奔波在不同的赛场,工作时间也很难统一,赛事组织者为媒体提供的班车服务却极不便利。除了交通问题之外,还有一个比较严重的网络通信问题,如在主新闻中心,记者上不去网是常有的事。解决的办法是有线上网,这对于那些只能无线上网的记者来说,就造成了很大的麻烦。大赛期间,周转于不同的赛场和驻地,记者抢的是时间,合理有效的班车服务是非常有必要的;至于网络通信的畅通,是记者工作成果能够落实的基础。如果是一个专业的赛事运作团队,他们会很清楚,媒体工作的生命线就是交通和通信。

所以说,在管理过程中,赛事管理者树立统筹规划的理念是非常有必要的,这也是保障体育赛事得以顺利开展的重要基础。

(二)效益优先

效益优先的理念是指体育赛事管理者在管理过程中遵循的一种资源配置的机制。体育赛事的类型不同,其所追求的效益也不同。经济效益是商业性体育赛事所追求的,通过商业化的手段进行市场运作,以谋求利润最大化;社会效益是公益性体育赛事所追求的,通过政府出钱做公益事业。无论是经济效益还是社会效益,体育赛事计划的制定和开展都要以效益优先的理念为中心,从体育赛事的全局入手,在开展的各个环节中都遵循这一原则。

在体育赛事管理过程中,资金、物资的使用情况以及人员的配置是应用最多的方面。赛事组委会从赞助商及政府手中,获得资金及物资之后进行财务处理,根据赛事周期内的各项开支做一个预算,设立财务报销制度,确保每一笔资金都使用在合理的地方,并且专门设立一个物资管理员,记录每一项使用情况,责任划分到人。此外,在人员配置方面要根据岗位和任务量情况选用相对专业的人,做到一人一岗,每个人都有事可做,定期汇报工作进度,提高工作效率。

(三)节俭办赛

节俭办赛并不是说体育赛事要尽可能地简单办,不重视赛事的质量,而是要对所拥有的体育资源进行充分利用,不铺张浪费,不奢华办赛。在体育场馆方面,要对举办地所能够利用的场馆进行综合调查,促使体育场馆在赛后的利用率得到提高,不能盲目地建设新的场馆,坚持可持续发展;在赛事交通方面,要对公共交通进行充分利用,并对前往各大赛场的班车设立固定的班次,没人的时候不发车;在餐饮方面,不铺张浪费,注重餐饮的口味,体现出当地的特色即可。

2013年辽宁全运会举办期间,提出了"全民参与、回归体育、节约朴素"的口号,在比赛场馆的筹建过程中,坚持"能利用的不改建,能改建的不新建,能简修的不大修,能临建的不搞永久建设"这一原则,以改造和临建场馆为主,实现了场馆分散建设后的有效利用。此外,北京申办2022年冬奥会的过程中,提出所坚持的三大理念:坚持以运动员为中心、坚持可持续发展、坚持节俭办赛。为了将这一理念更好地体现出来,在本次冬奥会中包括交通条件在内的各项服务都是非常人性化的,在建设场馆方面对可持续性使用进行了充分考虑,并且根据长远目标避免出现重复建设的情况。

这些都为我国体育赛事的举办提供了借鉴,让更多的赛事坚持节俭办赛的理念,充分考虑到群众的利益,实现长远的发展。

(四)绿色环保

近年来,在体育赛事管理过程中绿色环保的理念越来越受到重视,体育赛事的绿色环保主要体现在不破坏、不污染、在源头就避免环境破坏。"绿色奥运"在2008年北京奥运会期间提出,这使得绿色环保的理念得以充分体现。在绿色奥运的倡导下,北京奥运会的组委会和北京市民共同建设绿色城市,把北京市打造成一个美丽的奥运城迎接国际友人。

在体育赛事具体的管理过程中,对绿色环保理念的贯彻,管理者主要从以下几个方面进行。

(1)在体育场馆的建设方面,用保护环境、实行可持续发展的思想来指导工程建设、采购、物流等工作,尽量减少赛事对生态环境的破坏。

(2)体育是一种积极向上的活动,应该找到体育赛事和环境保护之间的契合点,开展环境保护的宣传教育,促进市民群众参与到保护环境的实际行动中来,提高人们对环境保护的意识。

(3)配合政府的工作,开展环境保护的工作,在经济发展、资源协调方面也做到可持续发展。

同节俭办赛的理念一样,绿色环保理念也受到了各个赛事举办方的重视。2022 年冬奥会的筹备工作就一直秉承着绿色环保的原则。在北京和张家口申办冬奥成功后,国家把环保问题尤其是雾霾治理问题作为工作的重点,环境在"治",更在"防"。政府治理环境污染的同时,全社会的环保意识也有望在冬奥会的影响下进一步提升。每个人将环保意识纳入日常生活,从身边的一点一滴做起,这是"绿色奥运"的基础所在。

北京成功申办 2022 年冬奥会,坚持"绿色奥运"既能够体现出中国对昔日庄严承诺的传承,同时也向世界展示出建设"美丽中国"宏伟目标的信心和决心,也将是冬奥会带给民众的福祉。

六、体育赛事经营管理范畴

(一)体育赛事经营范畴

根据资源所具有的属性,体育赛事经营范畴主要包括体育赛事的有形资源、无形资源和衍生资源。

1.体育赛事的有形资源

所谓体育赛事的有形资源是指体育赛事本身以及所涉及的区域内拥有的,由有形物质组成的可以通过经营创造经济效益的资源。

体育赛事的有形资源主要包括以下几种。

(1)特许经营产品,如纪念币、纪念钞、纪念牌、纪念邮品、纪念衫等特许经营产品。

(2)比赛场馆广告资源。

(3)比赛印刷品广告资源,如宣传画册、票证、秩序册、成绩册、竞赛指南、记者手册、导游手册、纪念册等印刷品广告。

(4)举办体育赛事场馆内用于商品销售的区域。

(5)开幕式、闭幕式及比赛门票等。

2.体育赛事的无形资源

体育赛事的无形资源相对于有形资源而言,指体育赛事本身拥有的、没有实物形态的资产或者可以产生经济效益的资源。

体育赛事的无形资源主要包括以下几种。

(1)排他性营销权。

(2)视觉识别系统使用许可权,如赛事名称、会徽及吉祥物等。

(3)赛事比赛项目冠名权。

(4)奖杯奖项冠名权。

(5)赛事相关活动冠名权。

(6)赛事专用产品专有权。

(7)赛事比赛场馆冠名权。

(8)赛事组委会名誉职位。

(9)赛事合作伙伴、各等级赞助商、供应商、服务商的授予权。

(10)电视转播权等。

3.体育赛事的衍生资源

体育赛事的衍生资源是指借助体育赛事的举办衍生出来的资源。

体育赛事衍生资源主要包括以下几种。

(1)社会文化资源。

(2)旅游资源。

(3)特色资源。

(4)相关活动经营权,如文体、娱乐、展会及经济贸易等活动。

(二)体育赛事管理范畴

1.赛事资源

体育赛事管理的范畴是赛事所具有的人、财、物等资源。

（1）人力管理

对于所有的体育赛事来说，人是参与的主体。人是体育赛事的组织者和管理者，同时也是积极参与者和实施者。此外，体育赛事相关服务人员以及观众，都是体育赛事管理中人力管理的对象。人力管理的主要对象包括体育赛事的工作团队、裁判员、运动员、赞助商、代理商、合作伙伴、志愿者和观众。

（2）物力管理

体育赛事本身所具有的独特性导致了它在物力需求方面的特殊性。在体育赛事管理中，物力管理是其所必须包含的内容，体育赛事管理的规模不同，其所需要的物力管理也存在差异。物力管理是否完善会对体育赛事的举办效果产生直接影响。体育赛事的物力管理包括运动竞赛设施和设备管理、交通运输设施管理、安全保卫设施管理、医疗卫生设施和设备管理、餐饮住宿设施管理和媒体转播设施和设备管理。

（3）财力管理

对于所有的活动来说，经济是重要的基础，体育赛事的成功举办离不开财力的支持。体育赛事进行商业化运作有着非常重要的意义，在足够财力支持下，体育赛事的成功举办才会得到相应的保障。体育赛事财力管理主要包括赞助商提供的资金管理和非赞助商资金管理两部分。

2.赛事项目运作

围绕着人、财、物资源的管理，结合项目管理的特征，体育赛事管理范畴又可细分为以下几种。

（1）体育赛事中的范围管理

根据体育赛事的目的，界定体育赛事所必须完成的工作范围并对它进行管理，包括立项、项目范围的计划和定义、范围确认、范围定义、范围确认、范围变更控制。

（2）体育赛事中的时间管理

给出体育赛事活动的定义、安排和时间估计，制定进度计划进行控制。

（3）体育赛事中的费用管理

确保体育赛事在预算范围之内的管理过程，包括资源和费用的规划、费用预算和控制。

（4）体育赛事中的人力资源管理

确保体育赛事管理团队成员发挥最佳效能的管理过程，包括组织规划、人员招聘和项目团队的组建。

（5）体育赛事中的质量管理

确保体育赛事满足赞助商和消费者需要的质量，主要包括质量计划、质量保证和质量控制。

（6）体育赛事中的沟通管理

确保体育赛事相关信息能及时、准确地得到处理，包括沟通计划的制定、信息传递、过程实施报告和评估报告。

（7）体育赛事中的风险管理

确保体育赛事能够成功实现，需进行风险的识别、度量、响应和控制。

（8）体育赛事中的采购管理

确保能够满足体育赛事所需的外界资源，包括采购计划、询价、资源选择、合同的管理和终结。

（9）体育赛事中的综合管理

使体育赛事各要素能够确保协调工作，包括制定和执行赛事计划、赛事整体变化控制。

第二节　体育赛事的经营管理过程

一般来说，体育赛事的经营管理的基本过程包含以下几个环节，即成立赛事组织机构、规划赛事、选择承办地、实施体育竞赛和赛事收尾总结，等等。

一、成立体育赛事经营管理组织

在体育赛事经营管理中，体育赛事经营管理组织是其中的主体,通常是成立专门的体育赛事公司,或是涉及体育赛事经营范围和业务的综合性体育公司。在进行赛事经营管理时,体育赛事经营管理组织可以根据组织具体的定位和经营状况来对不同的组织架构加以设计。根据职能进行设计是一种比较常用的体育赛事经营管理组织架构方式。

在对体育赛事进行运作时,根据比赛的具体需要,体育经营管理组织可设置必要的职能部门,包括市场部、销售部、运营部、法律部、财务部等核心职能机构,如图 8-1 所示。

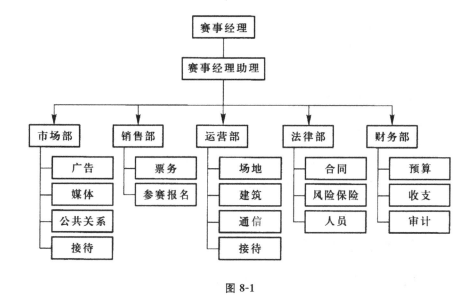

图 8-1

上海久事国际赛事管理有限公司曾承办过 F1 中国大奖赛、上海 ATP1000 网球大师赛、环球马术冠军赛等知名赛事,公司组织架构涉及以下诸多职能部门(图 8-2)。借鉴大型赛事公司的组织架构与职能分布特点,运作赛事中的组织保障应该按需设置与赛事经营相关的市场、票务、营销、版权事务、数据管理等部门以及与赛事管理相关的财务、人力资源、法律事务、办公室等部门,设置相应的职能机构后,按赛事经营管理的规模和数量情况进行相应的职位设置和人员配备。

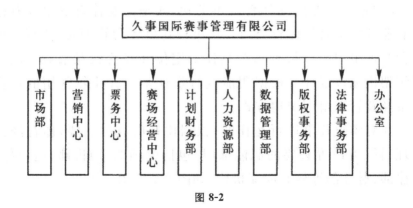

图 8-2

二、赛事规划

(一)赛事规划的内容

赛事规划的内容主要包括赛事目标、市场、赛事宣传、赛事保险/风险、比赛实施、赛事文化活动、开/闭幕式、赛事礼仪与接待服务等。对于赛事规划的内容,赛事经营管理组织要根据所要举办赛事的具体实际需要进行选择。

(二)赛事规划的要点

良好的赛事规划是体育赛事成功举办的先导,做好赛事规划需要注意以下事项。

1.注重赛事的成本与收益

资金是赛事举办所必备的物质基础,赛事资金的流动主要是筹资和支出。通过进行赛事筹资能够为体育组织的运行提供重要的保障,筹资的主要渠道包括政府和体育组织的资助、赛事服务及无形资产销售以及社会捐助等。赛事支出包括比赛场馆的建造或租用,运动员、教练员和裁判员的差旅费、食宿费,组织管理者、裁判员、设备管理者的劳务、开幕式、闭幕式及文化活动支出、安全、通信及设备维修费,以及比赛期间交通费用等。筹资必须要保证体育组织的行政开支以及赛事资金。因此,要结合比赛赛场容量以及相应的历史数据对赛事收益进行估算,要根据预期收益对预算和开支规划进行制定。

2.注重赛事与文化融合

作为一种社会文化活动,赛事必须同社会的主流文化相适应,在进行策划时要根据体育经营管理组织的宗旨和性质,结合时代性、举办地、参赛者等方面的社会文化特征以及赛事的规模、级别、影响力和预期的社会和经济效益进行规划。

3.注重赛事赞助商权益

获得丰厚的商业利益以及和相关利益群体的长久合作远景是体育赛事经营管理的重要目的之一。所以在对体育赛事市场开发进行规划时,要对赞助商的权益加以谨慎研究,对市场中的隐蔽营销行为加以控制,并可邀请赞助商和服务提供商参加规划会议,这既保护了赞助商的利益,也有益于赛事的顺利实施和可持续发展。

4.注重赛事时间安排

对体育赛事工作时间进行设置,包括赛前准备、赛时工作和赛后工作的时间表。要根据各个任务的逻辑顺序对时间进行安排,并对详细的任务安排日程进行规划。某些比赛环节甚至要求细致的时间规划(例如每日竞赛活动流程、涉及每分钟的活动安排),有电视转播的体育赛事甚至需要做出每一分钟的具体安排。并且,由各部门分别制定所负责事务的时间规划,并将其合并为规划总表。

此外,赛事活动的组织很可能会涉及申请批文或许可证,并对申请期限和程序进行规定。在对合作机构和基金进行寻找和申请时也要注意时间问题。每一个公司都有其财务周期,应事先了解合作公司每年在何时制定财务预算,其财政年度何时结束,了解各基金会审议提案的具体时间。

5.制定赛事任务的倒计时安排

对于所需要完成的任务采用后推的方式制定出规划,并规定各项任务完成的最后期限,梳理清晰这些任务完成所需要的具体步骤和时间。

6.注重赛事组织成员之间的通信联系

为了及时有效地沟通和协调赛事各项工作,需要编制赛事主要管理人员的通讯录(包括姓名、职位、住址、电子邮件、传真、移动电话等)。

7.注重赛事信息共享制度建设

为了使赛事组织工作人员都知晓赛事安排及进展程度,应将赛事规划告知赛事的各工作人员,包括主要管理人员、销售人员、志愿者负责人和政府官员,让每个人进行确认。按需召开全体工作人员会议或召集所有相关者参加会议。充分利用电子邮件、书面通知等在组委会内部沟通信息、协调工作。

8.注意制定赛事规划的应急方案(赛事风险规划)

在举办体育赛事时,有可能会遇到各种意外事件,所以在对规划进行制定时,也要考虑到规划很可能会出现随机变动,这就需要制定出规划的应急方案,以备不测。

三、选择举办地

相比以往体育比赛一般由体育组织主办,会员承办的情况,取消商业性和群众性体育赛事活动审批之后的体育竞赛表演市场,体育赛事的承办主体呈现出多样化趋势。无论是作为主办者还是承办者的体育赛事公司,在赛事举办地的选择上都要合理决策。

对最为适宜的承办者进行确定是选择举办地的主要因素。对申办者进行考察,其内容主要包括赛事组织管理能力、体育设施条件、城市人口、主要工业、天气（最高气温和最低气温、降水量）、海拔、公共交通、通信条件、住宿（总床位、房间平均价格）、媒体宣传能力、医疗设施、旅游吸引力以及承办地的经济和文化背景。举办地的选择要制定出科学的决策规则，本着促使体育赛事得到发展的原则，既要保证体育赛事得以顺利实施，同时也要有助于体育经营管理组织以及其赛事在相关地区获得有效的宣传和发展。

一般来说，体育赛事的举办地要政治和社会发展稳定，有着充足的经济实力，具有比赛承载力，社会文化发展健康向上，同时还具备同比赛规模相适应的相关运动设施和设备以及相应的通信、交通和安全能力。

四、赛事运作实施

在体育赛事经营管理中，体育赛事的运作实施是其中的重要内容，它是体育赛事服务及其衍生产品生产的基本方式，其任务主要是能够保证比赛得以顺利进行，提供优良的竞赛表演服务，创造优异的运动成绩，形成品牌赛事，促进无形资产的营销。

体育赛事的运作实施要对竞赛要素进行考虑，对体育竞赛流程和竞赛规程进行制定是主要的内容。

（一）确定竞赛要素

通常来说，体育赛事的运作实施要对一些具体的要素进行考虑，这些要素主要包括明确体育赛事经营管理组织及相关政府职能部门的权利和义务、市场开发、财务、保险、电视转播、媒体运行、注册与制证、场馆管理、运动会服务、医疗服务、对外联络、竞赛组织、技术系统、报名系统、文化活动（如开闭幕式）、礼宾接待、竞赛日程安排、交通保障、签证及贵宾、运动员、记者、机场、饭店接待、气象、安全保卫等内容要素。体育赛事经营管理组织要结合所举办赛事的具体需要来对相应的比赛要素进行挑选。

（二）制定竞赛规程

在确定好一项赛事之后，就要对该项赛事的竞赛规程进行制定。对于赛事计划来说，竞赛规则是其重要的组成部分，它是对一次具体比赛进行指导的法规性文件，也是竞赛的组织者和参与者所必须共同遵守的法则。单项比赛要制定单项竞赛规程，综合性比赛既要制定竞赛的总规程，又要制定单项竞赛规程。竞赛规程的主要内容包括竞赛的名称、时间、地点、项目、参赛资格、比赛方式（采用的竞赛规则和赛制）等。

在对竞赛规则进行制定时，要遵循以下几方面原则。

（1）根据竞赛的性质，确定参赛资格，设置项目及比赛方式。

（2）尽量采用现行的国际比赛规则。

（3）体现公正的原则。

（4）根据运动技术发展的要求，调整比赛规则、比赛方式和计分办法等。但是，要保持相对的稳定性，一般不宜变动过多过快。

（三）制定竞赛流程

竞赛流程，是指以某一基准点为标准逐一实施比赛任务的过程。流程有一个基准线，包括前置流程、中间流程以及后续流程，在这个基准线上主要包括人、物和信息三个要素。

竞赛流程的制定既可以以竞赛主体作为依据，也可以以比赛的任务和环节作为依据。在对比赛流程进行制定时，要注意以下几个方面。

（1）媒体与比赛流程的关系。

（2）细致地把握每一项活动的内容和地点。

（3）明确服务标准。

（4）方案的描述尽可能到位。

（5）清楚划分主要责任业务。

（6）明确相应的配合部门。

五、赛事的收尾总结

体育赛事收尾总结是指按赛事计划完成全部竞赛组织和相关主题活动组织工作后,对赛事进行评估总结,并完成赛事全部后续工作。

具体地说,赛事经营管理组织可以对收尾工作计划进行详细制定,组成若干工作小组,全面开展各项收尾工作。同时,也可以根据具体需要来完成全面的绩效评估、资产处置、财务审计,以及对组织者、支持者、协助者的总结表彰和答谢。此外,还要撰写相应的总结报告,这有助于积累经验,吸取教训,以更好地促进赛事经营管理业务得以可持续发展。

第三节　体育赛事营销

一、体育赛事策划

所谓赛事策划是指根据组织发展战略、赛事经营的基本要求和具体目标,经营者所进行的从赛事筹办、资源销售到赛事的实施和评价过程的规划和管理。就拿商业性群众性体育赛事来说,以下几个赛事经营策划环节非常重要。

(一)赛事目标策划

赛事目标策划主要包括赛事基本目标策划以及赛事经营目标策划。

赛事的基本目标是指体育组织对赛事的基本要求,包括赛事的主旨、对社会文化的影响和体育组织对赛事经济效益方面的要求等。

赛事经营目标是指赛事在门票、广告权和转播权等资源方面的销售及盈利指标。

在策划赛事基本目标和经营目标中,要对以下几个方面进行重点考察。

(1)体育组织的性质、宗旨和目标。

(2)举办赛事的现实条件,如场馆条件等。

(3)赛事总预算水平。

(4)承办地经济发展水平。

(5)地方政府资助和社会捐助水平。

(6)承办地及其临近地区的文化生活特点。

(二)市场定位策划

所谓市场定位是指赛事所针对的消费者人群,也就是说,在观众市场、新闻媒体和赞助商中的目标消费群体。这主要包括观众市场定位、新闻市场定位和赞助市场地位。

1.观众市场定位

所谓观众市场定位是指针对目标消费群体提供相应门票价位的赛事服务。它主要分为门票价格定位和地区定位两种。价格定位可以分为三种,即低端市场、中端市场和高端市场。地区定位主要是基于相关地区的项目文化和经济发展水平。通常价格定位和地区定位有着非常紧密的联系。

2.赞助市场定位

赛事赞助市场定位是指确定赛事无形资产的营销对象。它要求经营者必须针对资金状况、比赛持续时间、选手的级别和影响范围、可能合作的企业、承办地的经济、文化和人口等因素进行分析评价,之后再选择目标市场。主要包括以下内容。

(1)赛事冠名赞助商的市场定位。

(2)赛事文化活动冠名赞助商的市场定位。

(3)场地广告市场定位。

(4)指定用品赞助商的市场定位。

(5)体育组织及赛事文化标志使用权的市场定位等。

3.新闻市场定位

所谓新闻市场定位是根据赛事规模、级别等特点,来确定采用相应的新闻手段进行报道,如利用广播、电视、报纸、网络、杂志和电子书刊等新闻出版机构进行赛事策划。它主要包括利用国内和国外良好的电视媒体来对体育赛事进行转播。国内电视媒体可分为地方性的电视媒体和全国性的电视媒体两类。

(三)赛事宣传策划

赛事的宣传策划是通过新闻报道以及各种赛前活动来对赛事的相关信息进行传递,主要包括赛事的组织、筹办、运动员、教练员、裁判员、比赛成绩、赛场内外的花絮等方面内容。

赛事宣传策划的形式主要有以下几种。

1.新闻发布会

新闻发布会是赛事经营者向社会传递有关信息的主要方式。其主要包括邀请媒体机构、发布新闻的人员、发布会场的布置、安排答记者问等方式。

2.酒会

酒会往往是欢迎参赛人员到来,或者某项赛事结束的庆祝活动。它主要包括出席酒会的官员、代表发言、席间的文化娱乐活动等。

3.文化活动

赛事文化活动主要包括开幕式、闭幕式、民族文化表演和文艺演出等。

4.游艺活动

通过广播电视、电话、计算机网络或休闲娱乐场所举行的与赛事有关的游艺活动,从而达到吸引社会大众眼球、宣传赛事的效果。

5.广告

在整个体育赛事组织管理过程中,广告策划起着重要作用。它是对赛事进行宣传的有效方式,尤其是大众沟通方式的广告,如广播电视、报纸杂志和户外广告等。可以制作宣传画、宣传册,并进行散发和张贴,利用广场或街道上的大型显示屏制作广播或广告等。

此外,还可以根据具体需要进行策划,如参与票务促销活动、选择形象代言人等其他宣传方式。

(四)赛事保险策划

由于运动员从事竞技运动具有一定的危险性,赛事举办的影响因素诸多而导致的不确定性,重视赛事的风险与保险策划甚为重要。赛事保险有按照计划实施赛事的保险、赛事预算保险、赛事财务保险、赛事安全保险、竞赛设备正常运转和供应的保险、门票及无形资产销售保险等种类。赛事经营管理组织进行赛事保险策划时,要根据所举办赛事的具体情况和保险需求选择合适的保险方式。

1.竞赛规程中要求运动员必须自备保险

为了在比赛期间更好地保证运动员的安全,并为赛事节约经费,在竞赛规程中赛事组织者可以要求参赛运动员自备保险。

2.赛事经营管理者向保险公司投保

根据赛事运营的具体需要,竞赛组织者可以针对赛事实施过程中的一些不确定的重要问题以及发生的可能性同保险公司签订相应的协议,以此来获得相应的保险服务。如比赛按照预期的时间和规模进行,比赛的经费预算、观众数量和无形资产销售等。

3.委托代理

将有关赛事的保险事宜交给保险经纪人代理,可以高质量地获得保险服务。

(五)比赛实施策划

比赛实施策划包括制定竞赛规程和秩序册、嘉宾接待、开幕式和闭幕式、比赛过程和返程服务等方面。体育赛事经营管理组织应该根据举办赛事的实际情况,选择所需的比赛实施策划种类和内容。

1.确定竞赛规程

竞赛规程是比赛实施的指导性文件,它是所有参赛队所必须照章执行的法规文本。主要包括参赛运动员资格要求、报名时间、地点、接待、食宿安排、标准、参赛费用、技术及裁判规则、比赛方式及裁判员的委派、比赛时间、名次的确定、奖励以及最佳奖项的评选等。

2.设计秩序册

秩序册通常是在竞赛规程范围之内,对赛事的组织管理工作和比赛具体日程进行表述的法规性文件。较大规模的商业性群众性体育赛事秩序册中包括赛事的组织委员会、竞赛委员会、仲裁委员会、裁判监督委员会,财务、场地、医务、安全等部门的人员名单、名次的确定及奖励,最佳奖项的评选方法。比赛的日期、场次、轮次、时间、各参赛队的领队、教练员、运动员名单以及总裁判长、裁判长和裁判员名单等。

3.安排接待工作

接待工作策划包括运动队、裁判员、组织管理人员的接送、食宿和观光旅游安排等方面。在接待工作的经营策划方面,具有较大规模的商业性群众性体育赛事可以通过招标或出售赛事的无形资产使用权的方式来为赞助商做宣传沟通。

4.策划开幕式

开幕式标志着比赛的正式开始,既是赛事的文化仪式,又是宣传赛事的良好手段。开幕式的主题、内容和形式方面的策划，皆因赛事的性质、运动项目特点、承办地的经济和文化等因素而异。

5.比赛过程策划（体育展示）

比赛过程策划，也称为"体育展示"。主要包括安排播音员协助全场比赛的调动、解说或播报成绩、介绍运动员背景、中场休息的音乐及文艺表演、比赛开始前的出场仪式、交换礼品或队旗、运动员与观众对话、向观众抛撒纪念品、运动员签字等活动。

6.比赛质量策划

比赛质量策划，其主要包括以下几个环节。
（1）增加比赛结果的不确定性。
（2）增加比赛竞争的激烈程度。
（3）提高比赛的级别。
（4）提高比赛难度。
（5）邀请明星参赛。
（6）服务品质创新。
（7）保持比赛的连续性。
（8）改变比赛赛制、比赛规则。

7.闭幕式策划

对于赛会来说，其结束的标志就是闭幕式，也是对赛事进行宣传，扩大赛事影响的良好方式。虽然赛会闭幕式有着不同的内容和形式，但一般都包括赛事组织委员会主席致闭幕词、宣布赛会结束等一些基本的内容。

8.返程服务策划

返程服务是指对参与赛事的各类人员在赛会结束前或结束后提供预定返程机票或车票，介绍旅游景点，联系旅游的住宿和交通等事务。在经营策划方面，可以设立指定订票机构、指定购物和娱乐中心等。

二、体育赛事包装

赛事包装是在赛事策划的基础上，对赛事的筹备和实施过程所进行的美化工作。主要方式包括利用运动明星、调整比赛规则、运用宣传媒介、精美制作赛事的相关产品、组织文化活动等。商业性群众性体育赛事常用利用体育明星、调整比赛规则等方式包装和推广赛事。

（一）利用体育明星

有体育赛事就会有体育明星。有体育明星参加的赛事能够吸引社会关注和媒体的追踪，使赛事服务及其衍生产品市场规模扩大、门票和无形资产增值、赛事经营收益增加。

对体育明星进行包装，主要采用以下几种方式。

1.公开宣传

公开宣传主要包括召开新闻发布会、举行欢迎酒会或仪式、印制体育明星的海报和宣传画。

2.明星见面会

明星见面会主要包括邀请体育明星与追随者见面、邀请体育明星为辅导班或训练营上课以及邀请不同项目的体育明星或文艺明星进行客串。

（二）调整赛事规则

调整比赛规则主要是根据竞技水平的发展以及观众需求的变化而进行引导性或适应性的举措。调整竞赛规则的目的主要是提高比赛的观赏性、参与度、激烈程度和社会关注度，达到对赛事包装的效果。比如近两年最为红火的路跑赛事中，泥泞跑、黑暗跑、色彩跑、沙滩跑等花样繁多的主题路跑活动，都是通过创新赛事主题，调整赛事规制，吸引跑步爱好者和其他社会公众的关注。

（三）制作赛事的相关产品

对于一项体育赛事来说，从开始进行策划筹办到实施、运营及评价过程包含一系列的相关事务，如赛事的组织、各种会议和文化活动等，其中涉及的有形产品包括场馆设施、设备器材、办公用品、秩序册、门票、吉祥物、标志物和纪念品等；涉及的事务包括开闭幕式、比赛实施、转播和广告制作等。对每一件事项认真而严谨的操作，对每件产品精心的设计和制作，都是对赛事的包装。

（四）运用新闻媒介

新闻媒介通过对赛事进行宣传报道，可以使社会对赛事产生非常高的关注度。在对体育赛事进行记叙、描述、专题报道等方面，新闻机构具有很大的包装价值。特别是对赛事花边新闻以及典型事件进行宣传报道，可以不断造势，以最大程度地发挥出赛事品牌效应。

（五）组织文化活动

赛事的系列文化活动，包括宣传日、开幕式、闭幕式、相关文化展演等，都是非常重要的包装方式，可以扩大赛事影响，吸引社会公众的关注。小型体育赛事一般委托专业设计公司或者运作管理机构内部设计人员对赛事相关的文化活动进行设计。

三、体育赛事的市场开发

（一）市场开发的主要步骤

体育赛事市场开发分为分析市场机会、确定目标市场、设计市场营销组合以及管理市场营销活动四个主要步骤。

1.分析市场机会

对于市场营销管理人员来说，其主要任务就是对体育赛事的市场机会进行寻找、分析和评价，这也是市场营销管理过程的首要步骤。对市场进行细分,是对体育赛事市场机会进行发掘的有效方法之一。

不是每个市场机会都适合每项体育赛事的运作与组织,营销人员要善于对所发现的市场机会加以评价。对市场机会进行评价,既要利用与该赛事举办的任务和目标是否一致,还要取决于该赛事是否具备利用这一市场机会的条件,或者该赛事组织方是否在利用这种市场机会、经营这种业务上比潜在的竞争者有更大的优势。除此之外,对体育赛事运作具有吸引力的市场机会进行评价,就是要对该市场机会的消费者、消费者的购买能力、竞争对手分析等问题进行研究。

2.确定目标市场

在对体育赛事市场机会进行分析之后,根据一定的变量或依据对市场进行细分,体育赛事运作方要决定选择哪一些子市场作为体育赛事赞助的目标市场。

在对体育赛事目标市场进行选择之前,要评估细分市场,对其市场潜力、市场结构的吸引力以及所具有的商业优势是否同相应的要求相符合进行判断。一般来说,体育赛事经营管理组织方会对有良好规模及具有发展潜力的子市场较为有兴趣,特别是一些大型体育赛事的组织方,更注重销售量大、增长率高、利润率高的子市场。但是一些小型的体育赛事可能会根据自己的特色发掘某些专业化的市场,选择一些规模较小,不特别有吸引力,但对公司来讲更有利可图的子市场。在对体育赛事成功营销所需的外部条件进行满足之后,还要根据体育赛事运作方的内部条件,来分析市场机会。换句话说,即便子市场具备了适当的规模和发展,具有结构优势后,还应对体育赛事运作方自身的目标和资源情况进行充分考虑。

3.设计市场营销组合

市场营销组合中包含的可控制变量很多,可以概括成为四个基本变量,即产品、价格、地点和促销。

产品是为了目标市场而开发的有形物质产品与各种相关服务的统一体,对于同目标市场需要相适应的产品,体育赛事运作方要进行设计和生产,以供消费者购买。价格是指顾客购买商品时的价格,也就是说,产品的定价要考虑到目标市场上的竞争状况、法律和政策、顾客的承受能力,同时还要考虑让价、折扣、支付期限、信用条件等相关问题。价格应对目标市场有吸引力,价格得不到顾客的认可,市场营销组合的各种努力必然是徒劳的。地点是指产品进入目标市场达到消费者手中所经过的途径,所以,体育赛事运作方应善于拓展赛事产品的销售渠道,扩大销售范围。促销是体育赛事运作方在市场和社会上广泛宣传产品的卖点,促进销售活动,包括广告、人员推销、营业推广和公共关系等。体育赛事运作方应在适当的地点将合适的产品以适当的价格进行出售,此消息通过促销活动传递给消费者,并说服目标顾客购买。

4.管理市场营销活动

管理市场营销活动,也就是市场营销的计划、组织、执行和控制。这是整个市场营销管理过程中的一个带有关键性的、极其重要的步骤,因为体育赛事没有周密的市场营销计划,营销工作就失去了方向和目标。在制定市场营销计划之后,需要通过有效的组织系统来进行执行和实施,否则就会成为"纸上谈兵"。所以,制定体育赛事市场营销计划只是市场营销管理工作的开始。之后还需要体育赛事经营管理组织花很大的精力来对市场营销计划进行执行和控制,并管理体育赛事的市场营销活动。

(二)开发内容

体育赛事市场开发,包括赞助市场开发、门票市场开发、媒体市场开发、特许产品市场开发、赛事主题活动市场开发、彩票市场开发等方面。

1.赞助市场开发

体育赛事赞助市场开发就是以赛事所具有的各类资源作为

基础,体育赛事运作管理机构通过与赞助方进行市场交换,以促使赛事收入得以尽可能增加的过程。赛事所具备的有形资源和无形资源均可以是赞助市场开发的对象。

体育赛事赞助的有形资产资源包括特许经营产品、比赛场馆广告资源、比赛印刷品广告资源以及开幕式、闭幕式和比赛门票。举办体育赛事需要的场地设施及相应设备,具体包括交通运输设备、安全保卫设施、医疗卫生设施及设备、餐饮住宿设施和媒体转播设施等。

体育赛事赞助的无形资产资源包括冠名权、称号使用权、特殊标志使用权和赛事的名称、会徽、吉祥物等标志的特许使用权和经营权等、广告载体使用权、指定产品(服务)供应权等。

体育赛事赞助开发策略主要包括三个环节,即一般性宣传、初选和直接联系。

(1)一般性宣传

就是通过发放合作意向书、登广告等方式来进行一般性的宣传,以此来吸引赞助商主动上门进行接洽。

(2)初选和复选

通过采用各种方法来获得那些有可能对体育赞助感兴趣的企业资料。如通过电视、报纸、杂志等媒体的广告节目和栏目,寻找相近或类似的广告客户;或是通过电话号码簿、工商名录,从有可能感兴趣的行业系统中寻找;还可通过本部门工作人员、熟人、朋友、亲戚等个人关系寻找。初选后要进行复选,分出重点争取对象、一般争取对象,并为重点对象建立相关档案资料。

(3)直接联系

在对所要争取的对象进行确定之后,可以采用写信、打电话、登门拜访等方式进行联系。一般来说,对于一般争取对象可以采用邮寄的方式进行联系,对于重点争取对象,可以力求登门拜访,进行有针对性的游说。在具体联系的过程中,要特别注意对赞助给该企业的直接关系、可能带来的效益以及专门为之运作的回报设计进行强调,对其特殊需要进行考虑,并留出相应的时间让对方考虑。

在体育赞助市场开发过程中,各赛事市场开发机构一般采用自主营销与代理相结合、以自主营销为主的双重模式。自主营销以市场开发公司团队为主要力量,按照行业特点组成项目小组与企业进行广泛接洽、重点跟进,尽量做大"蛋糕"。中介代理机构拥有丰富的市场开发经验。具备完善的组织机构与精干的工作团队,掌握稳定的客户资源,赛事市场开发工作需要借助具有一定资质的代理商参与。

2.门票市场开发

所谓体育赛事门票市场开发,是指通过运用现代体育市场营销的相关理论和方法,在对体育赛事部门门票资源进行整合的基础上,对不同的观赏型体育消费者群体,制定出各自不同的体育赛事门票营销方案,谋划出不同的体育赛事门票推广的路径,以此来促使体育赛事门票的销售总量和销售收入得到提升。

在对体育赛事门票市场的需求进行激发、提升、吸引和拓展方面,需要注意以下几个方面的策略。

(1)努力提升赛事的观赏价值,满足观众观赏高水平比赛的需求

在比赛中,运动员的表现是对观众产生影响的主要因素,观众通过观看比赛能够欣赏到双方队员的精彩表演,感受精湛的技艺、激烈的对抗、顽强的搏击所带来的美的感受和体验,陶冶精神,宣泄激情。如果参赛双方都能够全身心投入其中,体育比赛表演则充满激烈、紧张、精彩、刺激和悬念,观众通过观看和欣赏这种比赛,即使所喜欢的球队输掉比赛,也能表示理解。相反,若球员在场上精神面貌欠佳,毫无斗志,即使主场得胜,观众也会产生不满情绪,甚至会影响到其下次观看比赛。因此,要努力提升赛事的观赏价值以满足观众观赏高水平比赛的需求。

(2)增加主队选手参与,寻求主场观众的支持

观众参与的积极性往往与比赛选手的表现密不可分,为主队加油鼓劲是观众观看比赛的主要目的。当主场运动员或球队获胜时,观众得到成就感的奖励,观众与球队的联系功能增强,而当

球队表现有失水准时其关系可能下降。因此,力求增加主队选手参与以寻求主场观众的支持,是激发、吸引体育赛事门票市场需求的重要策略。

(3)打造、包装赛事明星,满足观众追星需要

体育明星除了具备高超的运动技能之外,还会对观众产生明星效应。体育明星所具有的优秀人品、人格魅力是赛事形象和品牌的象征,也是青少年学习的榜样,同时会造就一大批"粉丝"。对赛事明星进行打造和包装,能够使观众的追星需要得到满足。

(4)加强观众与比赛的互动,营造狂热的赛场气氛

除了欣赏运动员精湛的技艺和精彩的赛事外,观众到现场还希望参与赛事相关的活动。通过参与现场活动,能够促使观众的精神体验得以增强,尤其是对于青少年观众来说,他们迫切渴望和体育明星的近距离接触,明星的签名和联谊活动对他们具有极大的吸引力。所以,通过对明星见面会、签名及抽奖博彩等活动进行组织,增加观众与赛事的互动,以营造出狂热的赛场气氛,这也是成功吸引人们到现场观看比赛、融入赛场氛围的重要动机之一。

(5)增加赛场娱乐表演,免费发放纪念品

在赛中休息时,为了缓解人们的乏味,满足人们对审美、娱乐性和趣味性的需求,在休息期间很多比赛都会安排杂技、健美操等啦啦队表演。啦啦队的表演音乐劲爆、舞姿热辣,能吸引大批追随者,是赛场上一道迷人的风景线。因此,增加赛场娱乐表演是对观众成功产生吸引力的策略之一。同时,通过在赛场中免费发放赛事纪念品以供观众收藏,也是促使上座率得以提高的重要策略。

第九章　体育场馆管理

体育场馆是体育竞赛、训练以及健身娱乐活动的载体,为体育运动的发展提供了重要的物质保障。体育场馆管理有助于满足大众的健身娱乐需求,为运动训练、竞赛提供更好的服务,促进体育产业的发展和城市功能的完善。因此应加强体育场馆管理,不断提高体育场馆的经营管理水平。本章主要从体育场馆管理概述、体育场馆经营管理模式及实务等方面展开对体育场馆管理的研究。

第一节　体育场馆管理概述

一、体育场馆管理的概念

(一)体育场馆管理

体育场馆管理指的是为促进工作效率提高,实现体育场馆管理目标,执行体育场馆经营职能而进行的计划、组织、协调、命令、控制等过程的总和。[①]

(二)体育场馆经营管理

体育场馆经营活动与体育场馆管理活动密不可分,所以,通常把体育场馆经营和体育场馆管理合称为体育场馆经营管理。

体育场馆经营管理指的是经营管理主体充分利用体育场馆设施条件、人力资源和环境,发挥体育设施的作用,通过实施经营

---

① 曹可强,席玉宝.体育产业经营管理[M].北京:高等教育出版社,2017.

管理职能,有组织地开发利用体育场馆的有形资产和无形资产,使体育场馆良性运转,使预期经济效益和社会效益得以实现,同时使体育教学、运动训练、运动竞赛和群众体育等活动的开展得到有效保障,使社会公众体育需要得到满足的活动过程。①

二、体育场馆管理的特征

(一)管理对象的差异性

体育场馆面向全社会开放,不仅要组织日常活动,还要以体育场馆自身功能为依托不断举办商务、休闲、娱乐、竞赛等活动,可见体育场馆的受众范围非常广泛,不同的受众各有自己的特征,因此说体育场馆的管理对象具有明显的差异,具体体现在以下两个方面。

(1)管理对象本身的差异,如地域背景、生活环境、民族习惯、职业、体能差异等方面各有不同。

(2)管理对象的文化素质、生活方式存在差异。

体育场馆管理对象的差异性要求管理者在管理过程中区别对待,对不同参与者的需求进行分析,有针对性的组织活动,使活动内容与组织形式符合参与者的身心特点和需求,为参与者创造更多的机会,使其需求得到充分的满足。

(二)管理方法的灵活性

体育场馆管理中,管理系统完成管理任务是场馆顺利运行的基本保障。管理系统能否产生整体效应,主要由各种管理方法的综合运用程度所决定。但是,是否能够在管理实践中体现管理方法的整体效应,主要看管理者能否创造性的灵活运用管理方法,也就是说,管理者是否能够从实践出发,针对管理对象的具体情况和管理环境的变化对各种经营管理方法进行灵活运用。

在体育场馆日常活动中,场馆所属行政区域内的居民是主要

---

① 曹可强,席玉宝.体育产业经营管理[M].北京:高等教育出版社,2017.

参与对象,这些参与者参与活动具有一定的随意性,时间、人数、年龄和性别等方面都不确定。如果是举办体育赛事等其他活动,在参与时间、人员等方面就有一定的固定性或规律性,而且活动环境、背景是多变的。在这些活动中灵活运用管理方法,不仅能够促进体育与经济、社会的协调发展,还能够不断提高人们的健身意识和健康素质,从而使体育场馆获得良好的经营效益。

(三)管理环境的多样性

体育场馆管理受环境的影响和制约。良好的发展环境是体育场馆健康高效运行的保障。社会、文化和自然环境是影响体育场馆运行管理的主要环境因素。

(1)体育场馆是在社会环境这个"大环境"中生存与发展的,该环境为体育场馆的运行提供了可能性,具体包括政治环境和经济环境两个要素。体育场馆的基本性质、根本任务以及发展的宏观方针政策主要由政治环境决定;而体育场馆的运行水平、质量主要由经济环境决定。

(2)体育场馆活动参与者健身观念的形成、健身方式的选择主要受文化环境因素的影响。

(3)影响体育场馆管理的自然环境主要包括场馆的地理位置、交通状况等具体环境,这些要素对体育场馆的可持续运行及发展有直接的影响。

随着社会的不断进步与经济的发展,体育场馆管理环境也呈现出新的变化和发展,多样性特点日趋凸显。在研究影响体育场馆管理的环境因素时,应将环境多样性的特点充分考虑进来,针对各方面的影响因素做出准确判断,找准定位,促进体育场馆管理质量的提高。

(四)管理形式的复杂性

体育场馆管理系统包含管理主体和管理客体,前者主要包括管理者和管理机构,后者主要包括被管理者、物、财、信息等,二者之间通过制度、机构等中介发生联系。在管理人力、物力、财力和信息的过程中,不同的主客体要素都会包含其中。由于体育场馆管理具有能级性、层次性,所以在一定范围内,管理主体与客体处于动态变化中。在某些条件下,主体向客体转变,客体向主体转变的现象都有可能发生,或同时兼有主客体双重身份,这就使得体育场馆的管理形式更加复杂。

三、体育场馆管理要素

体育场馆管理要素主要包括以下三个部分。

(一)管理主体

体育场馆管理主体指的是参与体育场馆管理活动的管理者、内部员工、专业服务人员以及顾客,体育场馆经营管理活动的结果受这些主体能动力量的影响。

(二)管理客体

体育场馆管理客体包括场馆的有形资源和无形资源,前者包括场地、设施、产品等因素,后者包括品牌、声誉、商标、技术秘诀、专利等因素。

(三)管理环境

体育场馆管理环境包括内环境和外环境两个要素(表 9-1)。

表 9-1　体育场馆管理环境

体育场馆管理环境分类	具体因素
内环境	制度环境
	文化环境
外环境	政治环境
	经济环境
	法律环境
	技术环境
	自然资源环境
	社会公众环境
	行业发展环境

以上体育场馆管理要素间需有机协调才能产生好的管理成果,实现体育场馆管理活动整体利益的最大化。

第二节　体育场馆的经营管理模式

一、体育场馆经营管理模式的概念

体育场馆经营管理模式指的是体育场馆经营企业根据企业的经营管理宗旨,为实现体育产业所确认的价值定位,采取的某一类方式方法的总称。其中包括体育场馆经营企业为实现价值定位所规定的业务范围、企业在产业链的位置以及在这样的定位下实现价值的方式和方法。①

由体育场馆经营管理模式的概念可以看出,体育场馆经营管理模式包含下列三个含义。

(1)确定体育场馆企业实现什么样的价值,也就是在体育产业链中的位置。

(2)确定体育场馆企业的业务范围。

(3)确定体育场馆企业如何实现价值。

二、体育场馆经营管理的常见模式类型

现阶段,我国体育场馆经营管理中常见的模式主要有以下几种类型。

(一)自主运行模式

1. 自主运行模式的概念

自主运行模式指的是由国家投资建设体育场馆,并组建成立

---

① 谈群林.体育场馆经营管理实务[M].广州:华南理工大学出版社,2011.

相应的事业单位对体育场馆实施管理,开展自主运行的模式。①

2.自主运行模式的特点

在自主运行模式中,体育场馆管理者对场馆的日常经营活动都是亲自参与的,场馆聘请专职或兼职的市场经营人才,积极采取多种手段(电子商务、广告、会员制、俱乐部等)开展营销工作。对于能够深化改革的自主运营性质场馆而言,往往能够在内部开展改革,具体表现在以下几方面。

(1)通过减员增效、开源节流、厉行节约、降低经营成本提高经营实效。

(2)通过加大市场开发力度,扩大经营范围,开展新业务提高规模效益。

(3)通过对经营项目结构进行调整,促进大众体育需求的满足。

(4)通过转变经营方式提高经营效果。

(5)通过分配制度的改革,对利益激励机制进行建立。

(6)通过改革人事制度,对人力资源与其他经济资源进行开发与组合来优化资源配置。

3.自主运行模式的优势

体育场馆的自主运行模式使体育场馆的公益属性得到了保障,体育场馆能够向大众提供公共体育服务。具体来说,自主运行模式的优势主要体现在以下几方面。

(1)体育场馆直接开发体育经营项目,可以统筹规划体育场馆的各种设施、资源,因而能够最大化的实现经济效益,取得最优的社会效益。

(2)直接经营便于对各种训练和比赛工作的接待,能够使对外开放和封闭训练或承办赛事的矛盾减缓,使所有者和经营者的矛盾得到有效避免。

_____

① 谭建湘等.体育场馆经营与管理导论[M].北京:高等教育出版社,2014.

（3）体育场馆职工从事体育活动的经验较为丰富，通过直接经营能够对职工经营管理能力进行培养，从而为我国体育事业的发展提供高水平的专业人才。

4. 自主运行模式的不足与缺陷

自主运行模式避免不了传统计划经济体制下大锅饭、铁饭碗等弊端，具体表现在以下几方面。

（1）体育场馆缺乏资金使各种经营项目难以及时启动，影响经营效率，部分差额拨款或自收自支场馆因缺乏经费而难以向人民群众提供公共体育服务。

（2）场馆职工人浮于事，管理层次复杂，从而提高了管理成本。

（3）自主经营虽然减少了财政支出，促进了管理效率的提高，但也向政府和社会传达了一个准确性较低的信息，即可以通过市场手段甩包袱，也就是把本来应该由国家承担的提供公共体育服务的职责甩给市场。

（4）在公共服务体系建设的新形势下，体育场馆简单的市场化、产业化做法与群众的需求不符，也与国家发展体育场馆的目的和方向不符。

（二）合作经营模式

1. 合作经营模式的概念

合作经营模式是指体育场馆以土地、房屋或其他设施作为投资品，其他投资者以现金、设备、管理等作为投资品合作经营某项体育业务的经营形式。①

2. 合作经营模式的特点

合作经营模式的特点在于通过合作、合资的方式对体育场馆

---

① 谭建湘等.体育场馆经营与管理导论［M］.北京:高等教育出版社,2014.

经营过程中存在的资金缺乏等问题进行解决与处理。合作经营的双方或多方以有限责任公司的组织形式将各方的投资风险和收益明确下来,并按各方的股份比例进行分成。合作经营模式促进了利益共享、风险共担的经营机制的形成。

体育场馆在选择合作对象时,某一行业知名度较高的企业是首选,这有利于充分利用企业的品牌效应和商誉扩大客源,从而提高经营业绩和体育场馆的知名度。

3.合作经营模式的缺陷

在合作经营模式中,体育场馆的所有权和经营管理权相分离,场馆管理单位代表国家行使场馆所有权,同时以租赁或承包的形式将所有或部分经营管理权让渡给合作方,具体包含两种形式,一种是租赁经营,另一种是承包经营。合作经营本质是以营利为目的的经营行为,这就使得体育场馆的公益性受到了影响。此外,还有一种股份制经营形式,这种形式完全将体育场馆作为企业来经营管理,大大削弱了体育场馆的公益属性。

在体育产业化和市场化发展中,合作经营管理模式被普遍采用,但这种模式使得体育场馆的公益性异化,使得公共产品和私人产品的属性变得模糊,同时也使得社会效益与经济效益的矛盾更加激烈。

(三)委托管理模式

1.委托管理模式的概念

委托管理模式指的是政府或政府授权的部门通过公开招标等市场机制,遵循效率最优、成本最低的原则,将体育场馆的管理权委托给专业机构,由该机构提供社会公共服务的模式。[①]

2.委托管理模式的特点

在委托管理模式中,场馆的所有权与经营权是分离的,通过

---

① 谭建湘等.体育场馆经营与管理导论[M].北京:高等教育出版社,2014.

公开招标等形式将整体经营权外包给社会机构,设备维护、员工聘用等场馆经营管理中的一切事宜由受托机构负责。在场馆整体外包时,政府部门往往会给予一定的优惠政策。

3.委托管理模式的优势

在委托管理模式中,管理方直接对委托方负责,而且必须以委托方的要求为依据向社会大众提供公共体育服务,委托方可以监督检查管理方的工作。在该模式中,管理方的经济收益源于委托方支付的委托管理费,委托方的经济收益主要来源于管理方获得的场馆开放等全部收入。这种模式相当于政府购买公共服务。所以,在这一模式中,体育场馆的公益属性得到了良好的保留,市场机制作用得到了充分发挥,与传统管理模式相比,管理成本较低,管理效率较高。也正因如此,这一模式在我国市场化程度较高的地区受到普遍的欢迎。

4.委托管理模式的缺陷

在委托管理模式的实践应用中,出现了一些问题,如收支两条线管理未能实现,管理方直接获得收益,使委托管理成为变相的承包经营或租赁经营。

此外,还有一个比较重要的问题就是政府无法提供委托管理经费,将体育场馆的经营管理权彻底让渡,从而使体育场馆的属性发生了改变。

(四)服务外包模式

1.服务外包模式的概念及本质

体育场馆服务外包模式指的是场馆管理部门通过与外部企业签订合约,将非核心业务外包给外部企业,利用外部专业化管理团队为自身提供所需的服务内容,以达到降低运营成本、提高运营效率、增强场馆核心竞争力及环境适应能力的管理模式。[①]在选择外包企业时,成熟、高效的专业管理机构是首选,这些机构可以提供更为专业化的服务。

引入市场竞争机制,利用市场竞争对场馆服务供给过程中政府垄断的现象进行抵制,这是体育场馆外包服务模式的本质。

2.服务外包模式的意义

通过服务外包能够降低机会成本,对资金及人力资源进行充分整合,集中精力促进竞争优势较大的场馆整体产业的发展,促进场馆整体管理绩效的提高。此外,外包服务还能够使无赛期工作人员闲置、冗员问题严重等矛盾得到有效的解决。

3.服务外包模式的形式

体育场馆服务外包主要有以下四种形式。

(1)横向服务外包

体育场馆经营部门通过承包或外包,整合场馆自身的经营资源与外部企业的资源,从而扩大自身经营范围。

(2)部分服务外包

体育场馆部门与民间组织签订外包合同,转移保安、保洁、餐饮等部分对外供给的公众服务内容。

(3)场馆设备维护外包

体育场馆管理者将场馆设施维护工作(全部或部分)外包给其他专业公司,以降低设备维护成本,促进设备维护绩效的提高。

(4)场馆建造合同外包

体育场馆建造业主从自身需要出发,通过法人招标手段将场馆设计、材料采购、场馆建造等内容外包给其他专业公司,目的是将建设周期缩短、使自身风险降低。

---

① 谭建湘等.体育场馆经营与管理导论[M].北京:高等教育出版社,2014.

第三节　体育场馆经营管理实务

一、体育场馆经营实务——以承办大型赛事为例

体育场馆经营内容丰富,其中承办大型赛事是非常重要的内容之一,下面主要从这方面着手,探讨体育场馆经营实务。

(一)承办大型赛事的总计划

1.总计划的内容

在制定承办大型赛事的总体计划时,需包含以下几项基本内容。

(1)赛事名称及组织机构。

(2)赛事背景与"亮点"。

(3)赛事主题与指导思想。

(4)赛事内容、规模与安排。

(5)赛事资源与取得资源的方法。

(6)整个赛事中的大型活动、主题活动、相关活动。

(7)其他相关内容等。

2.制定大型赛事总计划的注意事项

(1)明确目标

大型赛事总计划中,各部分内容的实施要以目标为基准。如果没有目标或者目标不明确,总体计划将只能流于形式,无法真正实施。明确目标则有助于为总计划的实施提供方向。

(2)内容要全面

在赛事总计划中,要涉及与体现出与赛事运作管理相关的各部分工作内容,不可遗漏主要内容。体育赛事的运作管理是一个系统庞杂的工程,需协调好各方面的工作。在总体计划中如果遗

漏或忽略了任何一方面相关工作,将导致计划实施阶段出现成本增加、协调困难等问题,甚至出现重大的难以补救的失误。

(3)合理安排进度

制定赛事总体计划时,制定具体的工作制度是最关键的环节,工作进度必须科学、合理、高效。在工作进度安排中,要学会运用项目管理技术将需要完成的任务清单详细列出来,对要完成的任务顺序进行确定,将时间分配好,指定时间和日期。此外,在安排工作进度时要预留一定时间,以便遇到不可预料的拖延时可以灵活应对。

(4)明确责任单位或责任人

制定赛事总体计划后,需要实施执行,赛事的计划只有落实到具体的责任单位或责任人才具有现实意义。在总体计划中,应将各部分工作的责任单位或者责任人具体列出来,并将具体的联系方式(电话、电子邮件等)标出。这体现了体育赛事总体计划的严谨性,也有利于在实施计划的过程中进行高效的沟通与协调。

(二)大型赛事的申办程序

大型体育赛事的申办程序分以下三步。

(1)某些城市提出申办大型国际体育赛事的请求后,由国际体育组织对这些城市进行初步考察,经国际体育组织筛选确定后的城市才可以进入下一轮竞争。

(2)获得申办陈述资格的城市正式成立申办报告团,到达指定地点当面向国际体育组织全体委员进行陈述。

(3)国际体育组织成员通过投票的形式选出最终胜利者。

大型体育赛事的申办程序看似简单,实质上包含了非常复杂的内容与工作,因此不可懈怠。

二、体育场馆人事管理

(一)人员招聘

1.人才招聘计划的制定

首先要分析体育场馆目前的岗位需求情况,具体从以下几方面展开。

(1)运用员工调查表对员工个人和分布情况的信息进行全面收集。

(2)依据岗位的不同类型做简单汇总,从而了解人员分布情况,结合历史数据将人力资源配置方案初步确定下来。

(3)依据调查信息进行深入的分析,对人员需求清单进行拟定。

2.招聘信息发布计划的制定

信息发布计划由招聘阶段计划(表 9-2)和发布渠道计划(表 9-3)两部分组成。

表 9-2　企业招聘阶段计划表

顺序	招聘阶段	时间(天)
1	发布信息—预约面试	6
2	预约面试—面试结束	6
3	背景调查—录取审批	6
4	通知—人员报到	13
5	组织新员工培训	15
总天数		46

表 9-3　企业招聘信息发布渠道计划表

渠道	说明	注意事项
现场招聘会	人才中介机构组织的多家单位参加的招聘会	在招聘会前做好充分准备,准备好会上所用资料和相关设备;熟记应聘时可能被问到的问题
校园招聘	企业在各大院校开展招聘活动	学生工作经验缺乏,需要经过培训才能入职,而且容易产生对工作和企业的不满情绪,因此工作稳定性不高,这就需要企业在校园招聘时进行系统策划,在组织方面付出努力

渠道	说明	注意事项
员工介绍	本企业员工引荐适合的亲友来公司应聘	这种方式可以使招聘成本大大降低,而且目标明确,能够使企业与人才在短时间内互相了解对方
广告	通过报纸、电视、网络等媒体发送企业招聘信息	这种方式影响范围最广,但费用高,需要企业投入一定的人力、物力和财力资源
猎头公司	专门为企业招聘中高级管理人才和重要的专门人才的机构	猎头公司可以帮助企业将甄选人才的第一步工作做好,同样可以使企业减少在时间和人力上的投入,但企业需花费较高数额的费用

3.组织实施面试

面试一般由以下三个阶段组成。

（1）笔试

主要对应聘者的文化素质（IQ 等）进行考量,笔试有标准答案,成绩合格者进入下一阶段。

（2）初试

主要对应聘者的心理素质、社交能力（EQ 等）进行考量,进入复试阶段的人与最终录取人数的比例为（2～3）：1。

（3）复试

有关部门领导或企业总负责人对进入复试的应聘者进行面试,通过交谈,面试者对应聘者应聘岗位的适应度进行考量。面试中常问的问题有工作兴趣、目前的工作状况、教育背景、工作适应度等。

面试记录表见表9-4。

表 9-4　面试记录表

应聘人		性别		年龄	
最高学历		户籍		联系电话	
应聘岗位		面试人		面试时间	
评分项目	极佳(5分)	佳(4分)	一般(3分)	略差(2分)	极差(1分)
仪态、表情					
衣着、仪表					
举止言谈					
健康状况					
领悟、反应					
知识面					
来本企业服务意志					
对企业了解程度					
体育行业经历或相关经历					
教育背景					
社会背景					
口头表达					
生活阅历					
家庭情况					
忠诚度					
执行力					
决策力					
稳定性					
自信心					
发展潜力					
总体评价					
现行工资			期望工资		
岗位工资			确认工资		
拟受聘岗位		拟确定级别		拟聘用时间	
人力资源部意见					
部门经理意见					
领导意见					

此外,因为在体育场馆中有很多技术操作型岗位,所以在考核中,实地操作也是非常重要的考核内容,主要就是对应聘者的实际操作能力进行考量与评价。

通过以上几个步骤,最终确定人选,但入选者不能直接入职,因为面试时应聘者的表现与实际情况可能会有差异,所以要对入选者进行背景调查(如调查入选者的应答是否符合实际情况、是否受到过奖励或处分、人品及职业操守如何等)。

另外,由于体育场馆中服务型岗位有很多,所以全面检查入选者的健康状况也是非常有必要的。

(二)人员培训

1. 新员工培训

对新员工进行培训,需要先制定培训计划,培训计划指的是从组织的整体战略出发,在全面、客观地分析培训需求的基础上对培训时间、地点、主体、对象、内容和方式等进行预先设定。新员工培训内容见表9-5。

表9-5　新员工培训

内容	说明
公司概括	有形的物质条件,如场馆数量和设施设备等; 无形的条件,如公司背景、结构、文化、服务内容、发展前景规划等
岗位说明及必备知识	本职位工作范围、工作程序、直属领导、同事负责职能等
公司规章制度与政策	公司行政制度、保密制度、考勤制度、福利制度、薪金构成等

2. 在职员工培训

在职员工的培训内容见表9-6。

表 9-6　在职员工培训[①]

培训对象	培训内容
高层领导	使高层领导对国内外体育场馆最先进的经营管理理念加以学习、了解,安排高层领导在国内外参观考察,参加行业专家培训、专题讲座、研讨会、论坛等; 每年学习交流时间不少于 20 天
中层管理干部	安排中层管理干部参加行业内培训、研讨会,并使其到各地参观交流; 每年学习交流时间不少于 10 天
营销人员	使营销人员对最新的营销理论、销售技巧加以掌握;安排营销人员参与内部经验分享活动,接受营销大师面授
专业技术人员(财务人员、电工、场地工、器材维护工等)	通过知识的不断积累和更新,可以确保场馆的高效运营,促进服务质量的提高和器材使用寿命的延长。另外,引进新器材需要维护人员接受培训
其他员工(行政人员、安全保障人员、前台服务人员等)	使其他员工树立全新的服务理念、安保理念,掌握先进的管理方法

(三)人员薪酬福利管理

1.设计人员薪酬策略

(1)基础薪酬

对薪酬的 3P,即岗位(Position)、绩效(Performance)和薪酬(Pay)进行准确界定,这有利于促进公司各个方面绩效的提升,现代大多数欧洲公司都采用这一策略。

岗位工资一般是固定的,绩效和薪酬要根据员工的具体实力发放。3P 理论可以帮助公司更好地落实工资自动增长制度,使

---

①　谈群林.体育场馆经营管理实务[M].广州:华南理工大学出版社,2011.

薪酬制度更加合理透明,从而促进员工工作积极性的提高。

（2）绩效薪酬策略

绩效薪酬与员工个人、所属部门和公司的业绩有直接的关系。员工个人业绩所占比例最大,因此通过绩效薪酬能够对员工进行激励,使其不断发挥自己的实力,取得最佳业绩。

（3）等级薪酬

不同工作职位的薪酬等级不同。不同职位有不同的任职资格、工作内容和需要承担的责任,因而薪酬级别也各不相同。即使都是部门经理这一职位,也会因为个人业绩、职业素养等因素而享受不同的工资待遇,因此,一般等级工资都是在一个范围内的等级,这个范围的差额应该在1倍左右。

（4）学历、职称薪酬

通常而言,学历与薪酬成正比,薪酬随学历的提高而增加。对不同职称、学历的人安排不同的工资基数。也有企业对员工的教育背景和技术职称并不是很重视,这些企业在薪酬设计上可能不会对这部分因素加以考虑。

（5）人性化薪酬

人性化薪酬主要指一些福利性津贴,如住房补贴、购车补贴、化妆补贴、取暖补贴、用餐补贴、消暑补贴等。

总的来说,基本工资、绩效奖金、岗位津贴、职务津贴、技术津贴、福利津贴这六个部分加起来就是员工薪酬。

2.员工福利

为了使企业与员工建立"长期契约关系",企业不仅要合理设计薪酬策略,还要将福利措施有效运用起来。福利体现了企业的人性化管理,有利于提高员工对企业的忠诚度。

一般来说,员工的福利主要有五险(养老保险、医疗保险、失业保险、生育保险、工伤保险)、公共住房基金等社会保障,以及公司股权、期权、奖励旅游等(表9-7)。

表 9-7 主要福利类别

类别	目的	举例
经济性福利	给予员工的额外补助,使员工的负担减轻,进而促进员工工作效率的提高	住房补贴、交通补贴、餐饮补贴、过节费等
设施型	为员工提供后勤保障	员工宿舍、员工食堂、阅览室等
员工服务性福利	关心员工健康与职业发展,体现以人为本的经营理念	体检和外派进修、疗养
娱乐性福利	增进员工间交流,促进员工身心健康和合作意识的提高,营造良好的工作氛围,完善企业文化	举办运动会、员工生日晚会,组织员工看电影、旅游等
公司特权福利	使员工享受一定的特权,促进员工企业荣誉感的增强和主人翁意识的强化	场馆举办活动的门票、场馆场地免费使用次(卡)、场馆服务项目优惠折扣

(四)人员绩效考核管理

绩效管理是一个持续性的交流过程,员工和其主管之间达成协议才能保证完成绩效管理,在协议中要将员工未来一段时间的工作目标明确下来,并将可能受益的组织、主管和员工都纳入其中。

确定岗位绩效指标是绩效考核管理的关键。确定流程如图9-1所示。

1.确定岗位职责

对岗位工作职责的确定需要先进行工作分析。对主要工作职责进行确定时,必须达到事无巨细的要求,如果有遗漏,就可能影响后面的考核。

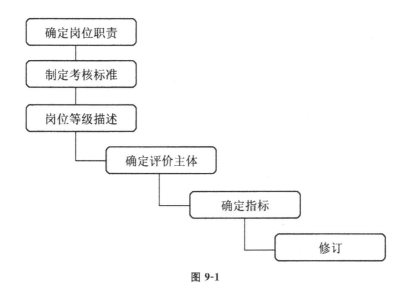

图 9-1

2.制定考核标准

评价员工绩效需要参考考核标准这一标尺,一般主要以企业年度经营目标落实到员工身上的具体目标和员工的岗位说明书为依据对考核标准进行制定。考核标准包括关键业绩指标和关键行为标准(考勤制度等)两个部分,前者占 70%。后者占 30%。

3.岗位等级描述

这一环节主要是为了对员工的绩效进行客观评估,不同类型岗位等级的描述见表 9-8。

表 9-8 岗位等级描述

岗位	初级	中级	高级
工勤岗位	(1)严格遵守操作规程,完成岗位任务; (2)协助上级工作	(1)实践经验较为丰富; (2)对操作规程熟悉,在高级员工的指导下能够独立完成工作	(1)实践经验丰富,能够对工作中关键性的技术问题加以解决; (2)工作水平和服务质量不断提高,服务意识、服务态度不断增强和改进; (3)具有培训下属的能力

岗位	初级	中级	高级
专业技术岗位	(1)具备实际专业知识,对本专业技术有所掌握; (2)能协助领导工作	(1)具备现任职务所要求的实际理论知识,对本专业技能能够系统掌握; (2)对本专业工作能独自操作	(1)掌握本专业领域的知识,处于本领域的前沿,具有开创性研究能力; (2)完成本专业领域的团队建设; (3)负责一个项目
管理岗位	(1)具备实际业务知识; (2)在其他员的指导下从事管理基础工作	(1)具备一定的组织管理与协调能力; (2)对专项管理工作能独立承担; (3)协调高级管理干部管理与协调团队内部工作	(1)组织管理与协调能力较强; (2)有创新能力; (3)在组织管理方面有预见性和决策力; (4)完成某一部门的团队建设

4.确定评价主体

绩效考核评价包括以下三个方面。

(1)直属领导对下级的评价,占 60%。

(2)同一级别同事的评价,占 30%。

(3)被考核人自我评价,占 10%。

5.确定指标

在绩效考核中,考核对象的岗位不同,考核指标也就不同,对此考核人员一定要多加注意,要采用不同岗位对应的指标对人员进行绩效考核,提高考核的科学性与实效性。

6.修订

依据绩效考核结果将薪酬确定下来,并针对存在的问题找出原因,进行改善。对绩效考核成绩优异的员工,给予相应的奖励。

三、体育场馆财务管理

(一)体育场馆营业收入的监控管理

在体育场馆营业收入管理中,控制、监管工作是重要环节。

1.体育场馆营业状况的预计与管理

在大型体育场馆的实际运行中,财务部门独立管理场馆的营业收入,设专职收款员;而在小型体育场馆中,可能会设专职收款员,也可能由服务员兼任。

体育场馆经营规模和管理模式不同,收款管理方式也会有所差异,理论上而言,由财务部门独立管理并设立专职收款员更有利于体育场馆的运营与管理。

(1)设置收款员岗位

收款员(收银员)的主要工作是办理货币资金和各种票据的收入,保证自己经手的货币资金和票据是安全与完整的。收款员不仅要掌握专业出纳业务知识,还必须具备良好的财经法纪素养和职业道德修养。

(2)收款的管理

收款的管理主要从以下几方面进行。

第一,合理安排收款地点。这主要是为了准确便捷地收费。体育场馆营业收入的收款地点的设置会受场馆规模与管理体制的影响。一般体育场馆会多设置收款台,以便顾客交费。但这种方法容易出现漏洞,增加管理难度和人工成本。大型体育场馆一般采用一次性结账的收款方式,这种方式相对更加高效。

第二,设计科学的收费单据。对体育营业收入管理表单进行设计时,应包括全部管理内容,设计要遵循简洁、明了、规范、美观的原则,以便查阅和保管。另外,填写者应准确填写,避免用模糊不清的词。

第三,加强稽核管理。稽核是指对账目的查对计算。一般来说,稽核人员的主要职责是对收款员的工作进行监督和检查。

2.科学制定收款制度

(1)收款员职业道德

收款员应该遵守的职业道德见表9-9。

表9-9 收款员应该遵守的职业道德

职业道德	内容
一般职业道德 （所有会计人员都必须遵守）	爱岗敬业
	熟悉法规
	依法办事
	客观公正
	搞好服务
	保守秘密
收款员特别主要的职业道德	清正廉洁
	坚持原则

(2)收款制度

收款制度是收款员应遵守的行为准则,控制体育场馆的营业收入需要严格落实收款制度。一般体育场馆的收款员必须严格按照如下收款制度办事。

第一,现金收入清点制度。

第二,备用金管理规定。

第三,票据管理制度。

第四,信用卡受理程序。

第五,现金收款程序。

第六,转账支票受理程序。

(二)体育场馆费用开支管理

1.体育场馆费用开支计划

制定体育场馆的费用开支计划可按月、季度、年度等时间段进行,具体要看场馆的经营规模、经营体制。一般大型体育场馆各部门、下属企业须在每月底根据下月工作计划对本部门费用开支计划进行制定,财务部门对该计划进行汇总、审核,经办公会议或总经理审批,即为场馆当月的费用开支计划,并下达各单位费用开支指标。[①]

费用计划内的审批程序包括以下四个步骤。

(1)费用当事人申请。

(2)部门经理审查确认。

(3)财务部门审核。

(4)授权分管副总或总经理审批。

2.体育场馆费用开支标准

不同规模的体育场馆要结合本场馆的实际情况对适合自己的开支标准进行制定,以便掌握开支。体育场馆费用开支标准一般包括以下几种类型。

(1)业务招待费标准。

(2)出差开支标准。

(3)福利费、医药费开支标准。

(4)借款标准。

(5)其他费用开支标准等。

对不同类型的体育场馆费用开支标准进行制定,要考虑实际需求和场馆的具体情况,标准必须是适用的,能够达到预期管理目标和取得良好管理效果的。

四、体育场馆信息化管理

体育场馆信息化管理有利于促进体育场馆网络化运营服务水平的提高,促进体育场馆市场化经营和管理能力的增强,促进公众体育健身活动服务内容的不断丰富,并使体育场馆公益性服务与有偿服务的综合平衡目标得以实现。因此,体育场馆信息化管理是场馆可持续发展的重要途径,对我国大型体育场馆而言,

---

① 谈群林.体育场馆经营管理实务[M].广州:华南理工大学出版社,2011.

进行信息化管理尤为重要。

（一）体育场馆信息化管理的领域

体育场馆的信息资源开发与管理工作受到国家体育总局的高度重视，国家体育总局明确要求体育场馆要向社会开放，提高场馆的现代化管理水平和网络化服务水平。体育场馆信息化管理的领域通常包括运动训练、健身休闲、体育竞赛表演、体育培训、公益性活动等方面。这些活动分属四个大的管理领域，分别是全民健身、竞技体育、体育产业和体育发展。与之对应的信息服务系统也指向全民健身信息服务、竞技体育信息服务、体育产业信息服务、体育发展领域信息服务四个方面（图 9-2）。

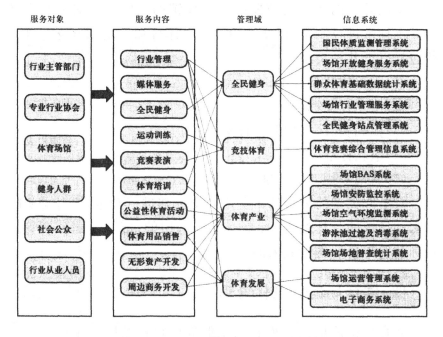

图 9-2

从图 9-2 可以看到，体育场馆信息化管理的服务对象主要包括行业主管部门、专业行业协会、健身人群、运动员、社会公众、行业从业人员等。

（二）体育场馆服务信息资源开发

1.体育场馆服务信息资源开发架构

体育场馆健身服务信息资源开发从架构上可以分为下列四个层次。

（1）信息采集层

负责场馆场地、体育培训、开放健身、赛事活动等各类信息汇聚。

（2）网络传输层

负责从个体内网，到场馆本地局域网络，至公共电信网络的数据传递。

（3）应用支撑平台

提供中间服务，如身份合法性鉴定、数据交换、内容管理、工作流组件等。

（4）业务应用系统

负责场馆运营、开放健身、信息发布、电子商务、行业监管等业务服务。

依据体育场馆资源开发与管理需求，体育场馆信息服务体系的整体架构如图9-3所示。

图 9-3

2.体育场馆服务信息开发利用

(1)体育场馆行业信息开发

体育场馆行业管理服务的用户群体主要有三类,一是体育场馆主管部门(代表政府职能);二是体育场馆;三是健身消费人群。

对于以上三类不同的受众群体,对系统服务信息内容进行描述时,需从管理职能和业务范围两个层面入手,如图 9-4所示。

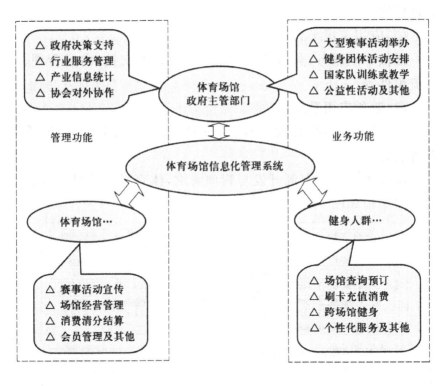

图 9-4

全民健身活动、国民体质监测情况、健身场地设施情况、体育培训指导和服务情况等是体育场馆行业服务信息的主要来源。在体育赛事活动和全民健身活动中,体育场馆行业管理信息化系统与健身服务信息化系统主要从两个方面来提供服务,分别是体育场馆的网络化运营服务和体育行政管理部门、体育行业协会的管理服务。

（2）体育场馆服务管理内容

第一，利用体育场馆服务基础数据库的数据，结合地理信息系统技术全面分析场馆布局及运营状况以及健身项目、健身人群，从中发现问题。将体育场地发展的基本数据和运行状况信息整理清楚，促进体育场馆业务统计方法和制度的完善。

第二，利用体育设施周边的外部条件（地理环境数据、人口分布、交通便利性等），对体育场馆设施的服务辐射范围进行分析，从而以此为依据对体育场馆设施进行合理布局和规划。

第三，以体育服务业、体育用品业为主要对象，促进体育彩票销售、健身服务、竞赛表演、产品销售等市场的形成。

（3）体育场馆服务管理功能

从信息化服务的技术角度来看，可以将体育场馆行业管理与服务功能细分为六个方面，分别是行业管理、基于 GIS 的决策支持、国民体质监测管理、全民健身信息管理、资质管理、场馆管理，这些方面又包含许多更详细而具体的结构（图9-5）。

通过体育场馆信息化服务管理，可以使体育行政部门、行业协会了解体育场馆的利用情况，获取健身人群的分布数据及相关信息，从而为行业管理部分，进一步完善体育场馆管理制度提供依据，促进体育场馆监管机制的建立与完善，进而提高体育场馆的运营及管理效率。

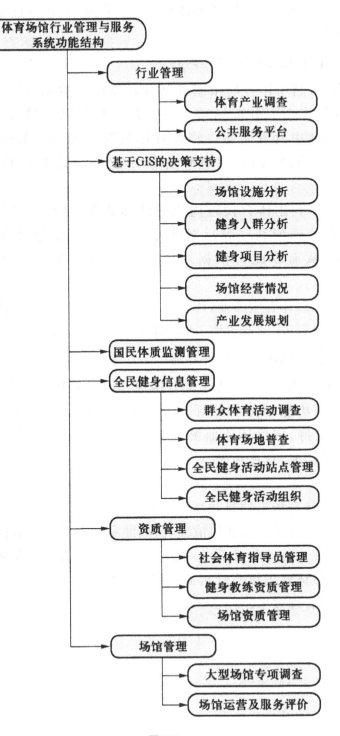

图 9-5

参考文献

[1]张劲松,张树巍.高校体育管理理论与实践[M].沈阳:东北大学出版社,2016.

[2]胡爱本等.体育管理学导论[M].北京:高等教育出版社,2004.

[3]高晓光,季磊,张燕,杨晓东.体育管理[M].北京:经济科学出版社,2015.

[4]全国体育院校教材委员会.实用体育管理学[M].北京:人民体育出版社,2004.

[5]何玲等.浅谈我国体育管理体制的改革趋势[J].首都体育学院学报,2006(7).

[6]张春萍.体育赛事管理教程[M].北京:经济管理出版社,2016.

[7]夏正清.体育产业经营管理[M].西安:西安地图出版社,2011.

[8]曹可强.体育产业经营管理[M].北京:高等教育出版社,2017.

[9]肖林鹏.现代体育管理(第3版)[M].北京:北京体育大学出版社,2015.

[10]肖林鹏.现代体育管理(第2版)[M].北京:北京体育大学出版社,2009.

[11]秦椿林,张瑞林.体育管理学[M].北京:高等教育出版社,2002.

[12]常智.体育管理理论与实践[M].北京:北京师范大学出版社,2009.

[13]张瑞林.学校体育管理学[M].北京:高等教育出版社,2014.

[14]高雪峰,刘青.体育管理学[M].北京:人民体育出版社,2009.

[15]冯明新.社会体育管理的原则与方法[J].中州大学学报,2005(7).

[16]曹可强,席玉宝.体育产业经营管理[M].北京:高等教育出版社,2017.

[17]谭建湘等.体育场馆经营与管理导论[M].北京:高等教育出版社,2014.

[18]谈群林.体育场馆经营管理实务[M].广州:华南理工大学出版社,2011.